結果を出し続ける人が
朝やること

ブランディングプロデューサー
後藤勇人

あさ出版

※本書は２０１２年に弊社より刊行いたしました『人生を変える　朝１分の習慣』を改題し、大幅な改編・加筆を行っております。

今日が大事だ。明日ではない。

ボブ・ディラン（歌手）

はじめに

あなたは、理想の人生を手に入れたいですか？
この質問に対して「ＮＯ」と答える人は、ほとんどいないでしょう。
私もそうです。
ずっと、理想の人生を手に入れたいと日々、取り組んできました。
しかし、その願いを叶えることはなかなかできませんでした。
〝あること〟に気づくまでは――。
その〝あること〟とは、朝の重要性です。
朝が大事であることは、以前から聞いてはいました。
ですが当時の私は、成功者は比較的年配者が多いから、ただ単に早起きであるだけだろうと思い、信じていませんでした。

しかし、実際に出会う成功者の方たちが、口をそろえて、朝がいかに大事かを話してくれるため、「もしかしたら、朝は本当に大切なのかもしれない」と思うようになりました。

そこで、思い切って生活を朝型に変えてみたところ、人生が一変したのです。

社員の謀反にあったり、売上げが伸びなかったり、人間関係で苦労したり、ありもしない噂を流されたりと、それまで続いていた、散々な日々がまるで夢だったかのようにうまく回り始めたのです。

思い描いたことはすべて実現し、お金も入ってくるようになり、ビジネスパートナーに恵まれ、素敵な友人もでき、今では最高に楽しくエキサイティングな毎日を過ごすことができています。

すべて、「朝」のおかげといってもいいでしょう。

申し遅れました。

私は、ブランディングプロデューサーの後藤勇人と申します。

「グレコ」で有名な世界のギターファクトリー、フジゲンの創業者である横内祐一郎氏の総合プロデュースやミスワールド日本代表のブランディングサポートなど、企業、人、団体ほか、多くの方の成功をお手伝いしてきました。

本書では、こうした活動を通して出会ってきた、成功者と呼ばれている人たち、結果を出し続けている人たちが実践している朝の使い方のなかから、より効率的で効果の高いもの、さらに誰もがすぐに始められることを、わかりやすく簡潔にまとめています。

その多くが、1分ほどでできてしまうワークばかりです。

できることから、ちょこちょこと、朝の時間に取り入れてみてください。

ただし、紹介しているワークすべてを、一気に実践する必要はありません。

はじめは、ムリせずできることから始め、徐々に増やしていってください。

本書で紹介しているのは流行りの「朝活」ではありません。

朝を利用して人生を思うとおりにコントロールする「朝勝つ」法です。

これまでたくさんの方々の成功に立ち会い、その姿を目の当たりにしてきたなかで気づいたことがあります。

それは、私たちの人生は、１日の積み重ねで成り立っている、ということです。

今日をいかに生きるかで明日が変わり、人生が変わります。


本書を開き、いま、この文面を読んでいるということは、あなたの人生が、今、この瞬間から変わることを意味します。

すべての出会いは、神様の導いたご意志です。

この出会いに、心から感謝し、本書をあなたに捧げます。

二〇一六年一〇月

〝世界一の男〟のプロデューサー
ブランディングプロデューサー　後藤　勇人

第1章 最高の自分であり続ける朝のワーク

Contents

第2章 仕事で効率よく結果を出す朝のワーク

第3章

チームで結果を出す朝のワーク

Contents

第4章 アイデアが高まる朝のワーク

第5章 人との関係が劇的によくなる朝のワーク

第6章 将来の夢を実現する朝のワーク

第1章

最高の自分であり続ける朝のワーク

WORK 1

今日1日うまくいくと決めてしまう

ベッドの中で

毎朝、ベッドから起き出すのが苦痛でたまらない人は少なくないでしょう。

眠さでもうろうとしている意識をムリやり起こし、ベッドから這《は》い出すのは、たいていの人にとってつらいもの。寒い季節はなおさらです。

さらに、起きるタイミングを誤ると、その日1日ダルくなってしまうことも。

実は、目覚めと同時に起き上がって、すぐに活動を始めるのは、体にとってもよくありません。

血圧が勢いよく上昇し、心臓や脳に余計な負担がかかり、脳梗塞や心筋梗塞などが起こりやすいからです。

しっかり体を温めてから起き上がる必要があります。

とはいえ、ただぼーっとするのでは、芸がありません。

結果を出し続ける人は、このなんとも微妙な時間を、簡単なワークをすることで、1日がうまく運ぶための魔法の時間に変えています。そのワークとは、

1日の成功をざっくりとイメージし、今日1日うまくいくと決めてしまうのです。


ベッドの中からなかなか起き出せないとき、うつらうつらしながら、なんとなくいろいろなことを考えていたりしませんか？　その「いろいろなこと」を「仕事のこと」や「プライベートな予定」にするだけでOKです。

会社で進めているプロジェクトが成功する、取引先で商談がうまくいく、上司との打合せで意見を採用してもらえる、彼女とのデートが思いどおりにいく……。

あなたが「こうなったらうれしいな」と思う姿をイメージしてください。

まだ頭は眠っていますから、本当にざっくりで結構です。

特別な行事がない日は、1日の流れをぼんやり思い浮かべましょう。1日を気持ちよく過ごしているあなたの姿です。

イメージの力は絶大です。

よいイメージ、成功している自分をイメージすれば、脳はその姿を現実の成功の体験として記憶し、悪いイメージを持てば、それは想像上のものであっても、現実の失敗例として脳が記憶するのです。

つまり、たくさんの成功イメージを持てば、たくさんの成功体験脳をつくることができるうえに、不安要素を消し去ることができるのです。

結果を出し続けているスポーツ選手などは、専門家の指導のもと、イメージトレーニングを取り入れています。最近では、経営者、ビジネスパーソンにも増えています。

潜在意識を活用して目標達成する有名な「マーフィーの法則」も、「心に描いた願望は必ず具現化する」といっています。

　実際、私の周りにいる経営者のうち、うまくいっている人は、非常にポジティブ思考であり、あまりうまくいっていない人は、ネガティブ思考であることが多いです。

　不安なこと、自信のないことに取り組まなくてはならない日だったとしても、脳の仕組みを利用して、すべてうまくいっている自分を想像しましょう。

　脳に成功体験を積ませることが目的なので、とにかく自分に都合よく、最高にうまくいっているところを想像してください。

　プラスの気持ちで始める1日と、イヤイヤ始める1日では、明らかに1日のあり方が変わります。

　人生は朝で決まるのです。

WORK 2

いつもと違う行動をする

ベッドを出た後に

人生はうまくいくことばかりではありません。

なぜか思いどおりにことが運ばない、そんな時期もあるでしょう。

そんなときは、流れを変えてしまいましょう。

昨日と違う結果が欲しいなら、昨日とは違う行動を、思考が停滞していると感じたり、閃《ひらめ》きが弱いなと感じたりしたら、普段はしない行動をするのです。

脳はパターン化した行動を好むため、いつもと違う行動をとると「おやっ」と思い、慌てて対策を考えます。

さらに、違った行動をとることによって、見えてくる映像が変わるため、思考もその変化に対応しようと行動を起こします。

結果は行動の答えです。
行動を変えることで、
違う結果を引き寄せるきっかけをつくり出すのです。

変化は大それたものでなくてかまいません。ベランダに出て大きく深呼吸をしてみたり、いつも紅茶を飲んでいるならコーヒーを入れるのでも十分です。

さらに効果を高めたいときは、軽いストレッチをするなど、体を動かすとよいでしょう。

イヤイヤ出かけたゴルフだったのに、思いのほか楽しく、鬱々《うつうつ》とした気持ちが吹っ飛んでしまった、もしくは、仕方なく掃除を始めたはずなのに気づいたら熱中していた、そんな経験はありませんか？

脳の構造上、人は体を動かしながら、ネガティブなことを考えるのは難しいといわれています。体を動かすことは、停滞したネガティブ発想や、思考停止の状態を脱する力があるのです。

たとえば私は、時間に若干余裕がある日は外に出て、ゴルフクラブを振っています。そうすることで、心の中のモヤモヤがスッキリして、前向きな気持ちになれるからです。

ちょっと余談になりますが、5年ほどやっていなかったゴルフを、最近またやるようになりました。

練習に行く時間はほぼないのですが、不思議なことに、常に80~90台のスコアで回ることができています（たまに100をたたいてしまうこともありますが、ブランクを考えれば上出来です）。

休んでいた5年の間も気分転換で素振りを続けていたため、体がスイングを忘れなかったのでしょう。

まさに1分を積み重ねることで、ゴルフのレベルを保つことができているのです。

たかが1分ですが、されど1分なのです。

些細《ささい》な変化であっても、これまで気づかなかった楽しさに出合うこともあります。

つまり、さりげない行動の変化やなにげなく始めたことから、脳が活性化し、未来をよい方向に変えることができるのです。

脳は行動の変化に敏感です。

その働きを利用して、よい変革を起こしましょう。

WORK
3

ご先祖様や周りの人に感謝する

ベッドを出た後に

成功者の多くが、ご先祖様に感謝を伝えることを習慣にしています。

また、周りの人々に対しても感謝の気持ちを非常に強く持っています。

〝世界一の男〟こと、フジゲンの創業者　横内祐一郎氏も、ご両親への感謝の気持ちが非常に強い人です。

横内氏は、わずか26年でＯＥＭを含め、世界一のシェア（シェア率40％）を誇るギター会社をつくり上げました。

それを実現できたいちばんの理由は、常に感謝の気持ちで人に接し、ご先祖様に感謝の気持ちを持ち続けてきたことだったといいます。

母親からの「人には感謝し、自分がしてほしいことを他人にしてあげなさい」という教えをずっと守り続けた結果、彼は世界一になったのです。

古来よりすべての感謝の始まりが、先祖への感謝であり、両親への感謝であるといわれています。中国古典の『論語』、明治維新の立役者、伊藤博文や高杉晋作などを育てた吉田松陰も繰り返し書物の中で述べています。

もちろん、この因果関係を科学的に証明することはできませんが、これまで数々の成功者を見てきたなかで、私も感謝の効力を実感し続けています。

感謝の行為を実践している成功者の多くは、毎朝、先祖や周りの人々に感謝を伝えるための時間を設けています。

1日を感謝で始めると、気持ちも晴れやかになり、その日を大事に過ごすことができます。

感謝は、どんな方法で行ってもかまいません。

家に仏壇があるならお線香をあげて、仏壇がない場合は両手を合わせて、ご先祖様に対し「いつも見守ってくださり、ありがとうございます」と、心の中で感謝するだけでも、十分伝わります。

また、お墓参りを欠かさず行うことです。通勤途中に神社やお寺があるのであれば、そこで感謝を伝えてもよいでしょう。


私は毎朝、仏壇にお線香をあげ、ご先祖様や親に感謝しています。出張など特別な場合を除いて、３６５日、この習慣を欠かしたことはありません。

ご先祖様への感謝と共に無事訪れた今日という日への感謝、社員や周りの人に対する感謝、そして今日１日精一杯全力を尽くすことを誓っているのですが、それを始めてから、より経営者として幅が広がってきた気がします。

大きなプロジェクトやイベントがあるときは、その成功もお願いしています。

その間わずか１分ほどですが、それだけで、不思議と心が和《なご》み、新たな気持ちで、

1日をスタートすることができています。

パフォーマンスも上がっているように感じます。


人は一人でできることには限界があります。

取引先や関係各社など仕事でかかわる人や、プライベートでかかわりをもつ人にも感謝の気持ちを常に持つことも忘れてはいけません。

ですが、感謝の気持ちは忙しいとつい忘れてしまいます。

そうならないように、朝、目覚めた時にベッドから起きあがり、窓を開けて、新たに始まった今日を感じながら、周りの人たちに「ありがとうございます」と心の中で呟《つぶや》くなど、毎日のルーティーンに入れ込んでしまうといいでしょう。

今日という日を迎えられたことに「ありがとうございます」とお礼をいうと、より心が温かな気持ちになります。

朝から感謝の気持ちを持つと、1日がプラスの波道で動き出します。

恥ずかしがらずに、取り組んでみてください。

WORK 4

瞑想で将来の「自分」に会いに行く

ベッドの中で

最近、マインドフルネスの大切さが見直されています。

マインドフルネスとは、「今」「ここ」にある「自分」という存在を意識することによって心を整えることをいいます。

世界の名だたる経営者、政治家、スポーツ選手、アーティストが実践しているだけでなく、社員研修に取り入れる企業も増えています。

結果を出し続けている人も、マインドフルネスを取り入れています。


心を整え、本来の自分、可能性を見つけることで、

最高のパフォーマンスを引き出しているのです。

このとき欠かせないのが瞑想です。

瞑想というと、座禅を組んだり、滝に打たれたり、特別な場所に行って指導を受けるなどしなければならないのでは？　と思う人が多いかもしれませんが、目覚めた直後は、自然に瞑想に適した状態になっています。

目覚まし時計が鳴ったのに、どうしても目覚められないときってありますよね。これは、半分起きて半分寝ている状態、つまりレム睡眠の状態にあるからです。レム睡眠とは、身体は休息状態なのに、脳は起きて活動している状態のこと。一種の瞑想状態ともいえます。

瞑想状態であるとき、人は本当の自分、想いが出やすくなるといわれています。将来のことについて迷っているときは、この時間を使って、将来の自分像を描いてみるとよいでしょう。

やり方は、とてもシンプルです。

瞑想状態に入っているなと思ったら、「3年後の自分はどうなっていたいか」を考え、理想の姿をイメージするのです。

「お店を持ちたい」「英語を話せるようになりたい」など、なんでもOKです。思い浮かんだ想いは流してしまわず、受け止めましょう。

理想の姿を明確にイメージできたら、次に、現在の自分とまったく変わらない、まったく成長も進歩もしていない自分を想像してください。3年という月日をムダにして、ただ年齢だけとってしまった自分の姿です。

2人の自分の姿が明確になったら、それぞれに問いかけてください。

まずは、理想の自分に向かって、こう尋ねます。

「理想の自分を手に入れるべく、3年前にどんな1歩を踏み出したのですか?」

資格に関するセミナーに通い出したとか、英会話の教材を購入し勉強を始めたとか、転職活動をしたなど、どんな行動を起こしたか教えてくれるはずです。

それが、現在のあなたが理想の自分になるために、今やるべき行動、踏み出すべき1歩というわけです。

3年後の自分に会って、踏み出すべき第1歩を明確にしたら、実際の行動に落とし込みましょう。手帳（スケジュール）に書き込んでしまうのです。そうすることで、その行動がやるべきことになり、3年後の理想の自分を現実のものにしてくれます。

日々、忙しく過ごしていると、目の前のことでいっぱいになり、将来のための行動が後回しになってしまいがちです。

自分の理想や願望を明確にし、それらを確認することによって、目の前の迷いや不安が消え、モチベーションを保つことができます。また、さらなる未来が見えてくることもあります。

常に最高の自分でいるために、定期的に将来の自分に会いに行きましょう。

WORK 5

成功ストーリーをイメージする

朝の支度時間に

目標が目の前にあると、人は頑張れるものです。

ベッドの中で3年後の理想の自分に「成功のためにすべきこと」を教えてもらったら、それらを含め、理想の自分像を10個、書き出しましょう。

このとき、理想の自分を想像し、実際にその姿になるにはどのような道を歩むべきか、つまり、どうしたらその成功ストーリーが成り立つかを考え、具体的にイメージしてから書いてください。

理想の自分と今の自分を思い描き、その間をつなぐ階段をつくり、一歩一歩登っていくイメージです。

そうすることで、手の届かない、それこそ夢みたいな存在だった理想の自分像が、達成可能なものとして認識できるようになります。

10個書き上げたら、毎朝、読み上げましょう。

人間の脳は、非常に優れた車のナビゲーションのような役目を持っています。目標を読み上げるのは、脳の高性能ナビゲーションに行き先、つまり、理想の自分や目標を告げ、頭にインプット、つまり設定しているわけです。

車のナビゲーションと違って、その場ですぐにスタートするわけではありませんが、こうすることで、自分ではまったく意識しなくても、理想の自分になるために必要な情報が目に飛び込んでくるようになります。

読み上げることで、成長するための環境を整えるのです。

たとえば私は以前、「本を出すこと」を目標に掲げていました。

このときの私にとって、自分の本を出版するなんて非常にハードルが高く、夢物語に近いことでした。それでも「本を出版したい」という強い想いを持ち続け、数年後、出版に漕ぎつけました。

イメージを繰り返したことで、理想の自分が潜在意識に取り込まれ、それに近い存在に変化していったのです。

目標を立てるときに大事なことは、「できる」「できない」という視点ではなく、自分が「やりたいこと」「やってみたいこと」にフォーカスして目標を立てることです。

このスタイルで目標を立てれば、あなたが心からなりたい自分像が見つかり、結果的にモチベーション高く、目標達成に取り込めることでしょう。

私の理想の自分像10

- 日本一のブランディングプロデューサーになる
- 人の役に立つ10万部を超えるベストセラーを出す
- 日本一のモチベータースピーカーになる
- テレビの文化人タレントとしても活躍する
- ビジネスで輝く女子をつくる「ビジネスプロデューサー」として活躍する
- 今日を無上意で生きる
- 最上のステージへ登る
- 英会話を絶対マスターする
- ビジネスで海外に進出する
- 常に新しいことに挑戦する

WORK
6

自分のテーマソングを歌う

朝シャワー中に

日々忙しく働いていると、落ち込むことも当然あります。

しかし、落ち込み続けることは、あなたにとっても周りにとってもよい状況とはいえません。なるべく早くその状況を脱したいものです。

オススメの方法は、テンションが上がる曲を歌うこと。

好きな音楽を聴いて、楽しい気持ちになったり、スッキリした気持ちになったりした経験は誰にでもあるでしょう。

音楽には、人を元気にする力があります。

スポーツの試合を見ていると、選手が登場する際に音楽を流しているのに気づくでしょう。

元メジャーリーグヤンキースの松井選手は打席に立つ際、ゴジラのテーマソングを流してテンションを上げ、あのような輝かしい成績を残していましたし、メダルをとったオリンピック選手の多くが試合前にお気に入りの曲を聴くことでモチベーションを高めていたといいます。

歌はただ聴くよりも、声に出して歌ったほうが効果は高まります。

聴くと元気になる曲をあなたのテーマソングとし、毎朝歌うことで、モチベーションを上げれば、その後は元気に過ごすことができます。

オススメは朝のシャワーの時間です。

少々大きな声を出しても、シャワーの音でかき消されてしまうので安心です。周りを気にせず、心おきなく歌ってください。

音楽療法という治療法があるように、音楽の不思議な力、そしてその効果は、医学的にも証明されています。

実際、私も前の日にイヤなことがあったり、うまくいかないことがあったりしたとしても、声を出して歌うことでストレス発散ができ、血液の循環もよくなり、体も温まり、元気も出てきます。

ちなみに、私には複数のテーマソングがあり、大事な商談がある日、落ち込んだ気分を立て直さなければならない日、大人数相手の講演がある日など、そのときどきの気分や予定によって曲を変えて歌っています。そうすることで、上手にその日の予定に合ったモチベーションを整えることができています。

どんなトラブルがあっても、朝は必ずやってきます。

そして、どんなに願っても、過去に戻ってやり直すことはできませんし、まだ見ぬ未来を不安に思っても、どうにもできません。

それならば、これから自分が生きる1日を元気に過ごすことを大切にしましょう。

今日を元気に過ごすか、暗い気持ちで過ごすかは皆さん次第。

コントロールできるのは自分だけです。

その前向きなスタンスは、間違いなくプラスの出来事を引き寄せ、ネガティブな感情を吹き飛ばしてしまうでしょう。

WORK 7

ストレッチ&筋トレで体と会話する

ベッドを出た後に

体と心と頭の状態は、常に一体です。

体の調子が悪いときに正しい判断はできませんし、悩みを抱えているときに体調もなんだかよくない、ダルいと感じるというのも、その表れであり、至極当然のことです。

結果を出す人は、自分の体の状態に敏感です。

具合がよくない部分があれば、すぐにメンテナンスをします。

体と心と頭がそろってはじめて、
最高のパフォーマンスを発揮できると知っているからです。

自分の体の状態は、簡単なストレッチで見極めることができます。

私は、毎朝、簡単なストレッチと筋トレをしています。知人のトレーナーにアドバイスを受けて、考案したものです。

まず、ストレッチで体を十分ほぐします。

続いて、足を上げたままで腹筋をし、胸筋を鍛えるために腕を広めに開いて腕立て伏せを、それぞれ1分ずつこなしています（最近は、もう少し増やしています）。たった1分なので、負担なくできます。

ストレッチをすると、どの部分に痛みがあるのか、違和感があるのかをしっかり確認することができます。したがって、症状に応じた対処も早い段階ででき、それ以上悪くなることがありません。

さらに、腰痛予防や怪我の防止にもつながります。

また、体が重く感じる、力が入りにくいなどもわかります。

自分の体としっかり話してください。

また、筋トレを終えたら必ず自身の体に感謝を伝えましょう。

今日1日頑張ってくれる体に感謝の気持ちを持つと、体は喜び、より動いてくれます。
体が動かなければ、どんなに強い想いがあっても実現できません。
最高のパフォーマンスをするには体（身体）が要です。
健康でいるために、体に対して感謝といたわりを忘れないでください。

第2章

仕事で効率よく結果を出す朝のワーク

WORK
1

その日の目標を3つだけ決める

始業前の時間に

やりたいこと、やらなければならないことがどんなにたくさんあったとしても、残念ながら、時間が有限である以上、1日にできることは限られています。

この限られた時間の中で、確実にすべきことをこなしていく、とっておきの方法があります。それは、

その日やるべき目標を、3つだけ設定することです。

大切なのは、大きな目標ではなく、絶対に達成可能なレベルで定めること。

たとえば、溜まっている書類を今日中に片づける、数日後に訪問するクライアント先に渡す資料をそろえる、プレゼンテーションの原稿をつくり上げるなど、頑張れば絶対にできることにするのです。

３つは少ないのでは、と思うかもしれません。

ですが、数多く定めた結果、達成することができなかったり、どうにか成し遂げたとしてもエネルギーが分散してしまい、１つひとつのクオリティが下がってしまったりするようでは、やはり意味がありません。このワークの目的は達成することなので、厳選して、３つ選びます。

目標が決まったら紙やノートに書き出し、心の中で「今日はこの３つを必ず達成する」と宣言します。

人間は不思議なもので、心の中であっても宣言すると勇気と力が湧いてきます。そして、目標を達成するために何をやるべきかの輪郭がうっすらわかり、行動の道順が見えるようになります。

達成に必要な情報が自ずと目に飛び込んでくるようになるのです。

ある店舗の人材育成マニュアルを作成していたときのことです。

雑誌が欲しくて書店に立ち寄ったのに、人材育成に関する本がやたらと目に飛び込んでくるので、その都度、立ち止まってはチェックしてしまい、なかなか目当てのコーナーにたどり着けなかったことがありました。

ちょうどその日の朝、人材育成マニュアルにかかわる目標を宣言したからでしょう。無意識のうちに、脳が情報を取り入れようと探していたのだと思います。

結局、目に飛び込んできた本の中にとても素晴らしいものがあったため、購入することに。その本で紹介されていたひな型を使って、目標であったマニュアルも作成できたのでした。


このように目標を立てて宣言すると、必要な情報が目や耳にどんどん入ってくるようになります。結果、その情報に基づいて行動すればいいだけの状況が自然とでき上がります。

つまり、目標を宣言した時点で、目標は半分達成したようなもの。後は着実にカタチにして仕上げましょう。

３つの目標を決めるのは、早ければ早いほどいいでしょう。というのも、この３つを達成するために、今日１日どう過ごせばいいか、タイムスケジュールを考える必要があるからです。

タイムスケジュールはすべて前倒しで考えるのがコツです。いつ突発的なことが起り、時間がなくなるかわからないので、空いた時間のスペースにどんどん前倒しで詰め込んでください。

１日を、有意義に使いましょう。

始業前の時間に

WORK 2

時間割で行動を見える化する

たいていの人は、決まっている予定をしっかりこなし、結果を出そうとしますが、結果を出す人は、予定が入っていない時間を有効に使うことで成果を生み出しています。

自分は今日、どれだけの時間を自由に使うことができるのかを朝イチで把握し、行動計画を立てます。つまり、スキマ時間使いのプロなのです。

予定が入っていない時間を把握するには、「時間割」をつくるといいでしょう。

時間割をつくることで、
今日の自分の動きを見える化するのです。

まず、その日やるべきことを箇条書きで書き出します。

そのなかから、取引先とのアポイントメント、そのための移動時間、準備時間など、時間が決まっている予定を書き出し、時間割に入れ込みます。

次に、忘れてはいけない雑務や電話、朝決めた３つの目標を書き出します。

すべて書き出したら、その中から絶対にやり遂げなければいけない大事なことをピックアップし、時間割に割り振ります。

続いて、残りのやるべきことを緊急性や重要性をしっかり考慮して優先順位をつけ、優先度の高い順に時間割に割り振っていきます。

緊急に処理しないと大きな問題に発展するような案件は、始業と共に取りかかれるように朝イチに、じっくり腰を据えて話をしなければならない大切な電話があるなら、落ち着いて相手の話を聞くことができる時間帯に配置しましょう。案件にきちんと対応するための準備が必要なら、その時間も計算に入れて考えます。

緊急度の高い、すぐにでもすべき案件がない場合は、緊急性はないものの重要な問題や、それほど重要ではないとはいえ、いずれやらなければならない案件の処理に当てましょう。

やるべきことを書き出し、優先順位を決めることは、その日の仕事を効率よくスムーズに進行させ、かつ、生産性を高くするのに非常に有効です。

また、時間割の確認と同時に、自分が今日何をすべきであり、何を考えなければならないのか、頭の整理をすることにもつながります。

さらに、このワークをすることで、余計な予定、業務をそぎ落とすことができます。

具体的な1日をイメージするために、欠かせない作業といえるでしょう。

優先順位のつけかた

1 緊急性を見る

2 重要度を見る

3 生まれるキャッシュ（利益）・成果の大きさを見る

4 かかわる相手のレベル（時間がかかりそうか、少ない時間でできそうか）を見る

5 将来性を見る

WORK
3

「やることリスト」をボードに貼る

始業前の時間に

結果を出す人は、その日すべきことを明確にしてから、仕事に入ります。

「これとこれとこれをやって……」などと、頭の中で思い浮かべるだけでは、あいまいになってしまうため、

小さな事柄も含めて、今日やるべきことをすべて書き出し、常に目に入る場所に貼り出すのです。

3つの目標（絶対にやり遂げること）、今日「やること」ほかをいちいち書き出して

リスト（「やることリスト」）にしてまとめ、デスク前のボードなど、目に見える場所に貼り出しましょう。

「やることリスト」は、ダイヤモンドの原石といっても過言ではありません。

ここに書かれたことを実践することによって、様々なビジネスが生まれたり、新しい商品アイデアが生まれたりと、多くの恩恵をこうむることができます。

以前、こんなことがありました。

その日は、３つの目標に、電車での移動時間を有効に使うと決めていました。

電車に乗ってすぐ、本の企画を思いつき、それから移動にかかった１時間で企画書まで完成しました。さらに、その企画から１冊の本が完成し、たくさん人に読んでいただくことができています。

このメモには、その日の３つの目標、「おめざメモ」の中からビジネスに関するもの、アイデアレベルの企画、こまごまとした今日やるべきことなどを書き込みます。

どんなに素晴らしいアイデアも忘れてしまっては、まったく意味がありません。そうならないために、目の前のボードに貼るという仕組みが必要なのです。

WORK 4

一人戦略会議で仕事を差別化する

始業前の時間に

ビジネスにおいて、戦略は必要不可欠です。

戦略があるからこそ、結果を出すことができる、ともいえます。

それは、個人の人生でも同じことです。

理想の人生を生きるために、毎朝、今日1日の戦略を立てましょう。今日1日、どのように過ごすのか。理想の自分をイメージしながら、行動の作戦を練るのです。

戦略は、すべきことだけでなく、しないことを決めるのも大事な要素になります。

やるべきことを決めるということは、裏を返すと、やらないこと、やれないことを決めるということです。

経営戦略の神様、マイケル・ポーターは「戦略とは、何をやらないかを決めることである」といっています。

パソコンメーカーのDELLは、「ほかの会社のように、組み立ての工程をアウトソーシングしない」という戦略を掲げ、成功を収めました。

「ほかの人がやっているから自分もやる、やらなければならない」という発想の人がいますが、「ほかの人がやっていること」が、あなたにとって「やるべきこと」であるとは限りません。

結果を出す人は、組織に属していても、独立していても、無理に人に合わせることはしません。

自分がすべきことを粛々《しゅくしゅく》とこなし、それで結果を出しています。

仕事の差別化をしっかりしているのです。

他人との差別化を図るには、「自分は何をしないか」という戦略が必要です。

戦略を練るというと、力を入れることにばかり注目してしまいがちですが、何をしないかを決めることのほうが大切です。

私は、しないことを決める時間を、「朝の一人戦略会議」と呼んでいます。

手を出さないことを決めましょう。

「やることリスト」（52ページ参照）にすべきことを書き出したら、今日はやらない、手を出さないことを決めましょう。

「やめるもの」を決めるということは、「何をしないか」を決めるということです。

とはいっても、「やらないこと」を決めるのは難しいかもしれません。

自分がやるべきではないこと、自分以外の他人に頼めることをピックアップして、やらないものに×印を入れましょう。

そして、やることリストに残った項目に、やるべき順番の数字を入れてください。

人の力は有限です。

そして、時間も有限です。

やらないことを決めることが、時間を有効活用するうえで最も重要といえるでしょう。

「テレビを見ない」「飲み会に行かない」、これも立派な戦略です。

「何をしないか」がはっきりすれば、自ずと「何をすべきか」が見えてきます。

一人戦略会議は、自分自身と向き合い、客観的に自分を見る時間です。
毎日続けることで、ベストな人生の戦略が見えてくるようになります。

WORK
5

メールの仕分けでチャンスを逃さない

ベッドの中で

「毎日、メールの返信だけで、午前中が終わってしまう」という人に出会ったことがあります。ビジネスを円滑に進めるためのツールであるはずなのに、メールによって仕事が滞ってしまうなんて本末転倒です。

しかし実際、メールの返信をまとめてやろうとすると、かなりの時間がかかってしまいます。塵《ちり》も積もれば山となる、というわけです。

結果を出す人は、バラバラにメールを処理します。会社のパソコンだけでなく、スマートフォンなどからメールを確認し、対応するのです。

当然、返信も早いです。

ちょこちょこ片づけておくことで、返信のためにわざわざ割いていた時間をほかのことに当て、1日の生産性を上げるというわけです。

私も仕事柄、毎日、多数のメールやメッセージ等が届きます。そのため私は毎朝、ベッドの中で、ざっとメールチェックをしています。返信するのがメインではなく、どんなメールがきているかを把握することが目的です。

誰が、どんな内容のメールを送ってきているか、緊急なものはないか、その日の予定に影響するようなものはないかなど、メールの仕分け作業をするのです。

このチェックは、緊急事態に素早く対応ができます。メールの内容いかんによって、その日の行動が大きく変わることもあります。実際、飛び起きて、会社に出向いたこともありました。

朝のメールチェックは、危機管理にもなるのです。

また、日程の確認など、簡単な文面ですむメールは出社前のすきま時間、移動の電車内で返信してしまいます。そのため、会社に着いたときには、会社でなくては返信できないもの、重要なもの以外はほぼ対応を終えている状態なので、メールに時間をとられることなく、業務に就くことができます。

朝早くのメールチェックは、ほかにも様々なメリットがあります。

1つは、レスポンスの速さから、「この人は真摯《しんし》に自分と向き合ってくれている」と感じ、あなたのことを仕事が速く信用できる人だと、相手が思ってくれること。ビジネスにおいて、信用は非常に重要です。その信用を、朝、早めの時間にメールするだけで得られるというわけです。

もう1つは、チャンスを得る確率が数段高くなること。一緒に仕事をするなら、返信が遅い相手（会社）より、速い相手（会社）のほうがいいのは当然です。実際、競合他社とさほど条件が変わらないときは、間違いなくレスポンスの速いほうが、仕事を受注する確率が高くなります。

以前、知人の女性から、情報交換を兼ねた食事の誘いがあり、お互い友人を３名、連れていくことになりました。

さっそくメールで３名の友人を誘ったところ、２名はその日中に返信があったのですが、１人だけ返信がありません。催促しても何のレスもなかったため、ほかの友人に声をかけ、その３名で出かけることにしました。当日の朝、ようやく残りの１人から「参加」の返信がありましたが、すでに定員オーバー。お断りしました。

食事会はとても楽しく、様々なビジネスのヒントを得ることができました。レスポンスが遅かったことで、友人は１つのチャンスを逃してしまったというわけです。

速いレスは、ビジネスでもプライベートでも、チャンスを得る確率が上がります。

世の中は、スピードが最大の武器。

メールチェック＆仕分けはその武器を手に入れることになるのです。

WORK 6

デスク周りを毎朝必ず片づける

始業前の時間に

デキる人のデスクはキレイに片づいています。

一方、仕事の遅い人やクオリティが低い人のデスクは、たいてい物が散乱していて、お世辞にもキレイとはいえません。汚いデスクは、自身の仕事のクオリティを下げるだけだからです。さらに、周りの人へ不快感を与えます。

仕事をうまく回すために、毎朝必ずデスクを片づけましょう。毎日、整えていれば1分ですむはずです。その姿勢が、素晴らしい現実の成果を呼び込みます。

ここ数年、掃除力や片づけ力の本がよく出版されたり、世界でも日本の「片づけ」が称賛されたりと、片づけの効果が見直されていますが、ビジネスにおいても片づけの効果があることがわかってきています。

整理整頓されていないと、せっかく仕事がはかどっていても、探し物が見つからなかったり、デスクのゴチャゴチャにイライラしたりと、余計な手間や感情に時間をとられてしまいます。

デスクを片づけるという行為は、仕事に適した環境を整える、ということなのです。

実際、これまで何軒かのヘアーサロンや飲食店を経営・展開してきましたが、そのお店のキレイさと売上げは、驚くほどリンクしていました。そのため、今でもサロンのスタッフには、掃除の大切さをことあるごとに指導しています。

キレイな場所からは、よいことを引き寄せるプラスの波動が、逆に汚い場所からは、悪いことを引き寄せるマイナスの波動が出ています。

自分のデスクをキレイにしましょう。

WORK 7

チャンス服を選ぶ

朝の支度時間に

服装は、ビジネスにおいて、非常に重要なツールです。

以前、友人にプライベートパーティーに誘われたときのことです。

友人の、それもプライベートパーティーだからと、ジーンズとシャツというカジュアルな格好で向かったところ、なんと友人がサプライズで素晴らしいゲストをお呼びしていました。

しかも私のビジネスにつながる業界関係の方でした。

さっそく友人が紹介してくれたのですが、その方はビシッとしたスーツ姿、一方の私ときたら、ラフなシャツにジーパン姿。

名刺交換をしながら「しまった」と後悔しましたが、あとの祭りです。

相手の方も口にこそしませんでしたが、私のラフな姿に動揺なさっているのが見受けられました。結局、その方とは、当たり障りのない会話しかできないまま終わってしまいました。

もし私がしっかりスーツ姿であったなら、第一印象の評価が上がり、お互いのビジネスに関する情報交換やら、人脈の紹介などができたことでしょう。

この経験から、私はいつ何時訪れるかわからないチャンスを確実につかむために、よほどのことがない限り、スーツかジャケットで出かけるようにしています。

人はやはり、見た目や身なりで判断、評価されます。よく知らない人に対してであれば、なおさらです。

空気を読める人間なのか、常識はあるのか、まじめそうか、センスはあるのかなど、様々なところまで、服装から読み取られてしまいます。

自分の服装くらい、自分の好きなものでいいと考えるかもしれません。たしかに自分をアピールするツールでもあるので、それもまた一理あるでしょう。

ですが、見た目は相手への礼儀であり、どう受け止めるかは相手の自由です。

これが現実です。


有名な話があります。

あるＩＴ系会社の社長がプロ野球チームの買収に乗り出しました。彼は交渉の席にジーンズとＴシャツで現れ、大ひんしゅくを買いました。

そのときの彼の言い分は、「これが私のスタイルですから」。

しかし、交渉は失敗。彼はそのチームを買収できませんでした。

その後、同じくＩＴ系会社の社長がそのチームの買収に乗り出しました。彼はきっちりしたスーツで交渉の席につき、礼儀を尽くした結果、買収は成功しました。

このように服装は、相手への礼儀であると共に、ビジネスの成果に直結する大切な戦略の１つ。

どんなに素晴らしい能力やビジネスコンテンツを持っていても、交渉のテーブルまで辿り着けないなんてことも、実際ありうるのです。

相手が一流であればあるほど、服装を確認します。服装から様々なことがわかるからです。

服装はあなた自身の評価を決める大切な要素。
仕事の成果や人生を大きく変えることだってあります。

その日の行く先やアポイントメント先の人の属性、仕事の属性を考え、どの服装にするかを考えることは、必要不可欠です。

2つ以上のアポイントメントがある場合は、重要な案件のほうに照準を合わせましょう。

ビジネスにおいて、服装はあなたの代弁者。

チャンスを確実につかみ取るためにも、服はしっかり選びましょう。

WORK 8

体重、体形を管理して自分を演出する

朝シャワー中に

最近、男性も見た目、それも美しくあることが当たり前のようになってきました。仕事ができる人は自分の体（身体）の管理をきちんとできるというわけです。そのため、パーソナルトレーニングに通ったり、食事制限をしたりしている人が増えています。

私も、毎日鏡で自分をチェックし自己管理することにしたのですが、これが大正解。毎日、自分目線でのチェックがしっかりできれば、大げさなダイエットなどしなくても、常にベストな体形や体重をコントロールすることができますし、しっかり自分で見ているからこそ、自信を持って出かけていくことができます。

私は、高校生の頃から体重がほとんど変わっていません。

ジムに通っているわけでもないのに体重をキープできている理由は、先ほど紹介した1分筋トレと、もう1つ続けている毎朝の習慣に秘密があります。

それは、シャワー前に必ず体重計に乗り、チェックすること。

そして、体重が1キロオーバーしていたなら、その日の食事量を減らすなどして、オーバーしている1キロを減らす生活をし、もとに戻します。

これを毎日続けることで、「気づいたら5キロも太っていた！　やせるのが大変……」という状況をつくらなくてすむというわけです。

このワークは、ウェイクボードで4年連続全日本チャンピオンとなり、現在スポーツストレッチの教室をしている弘田登志雄氏に教えていただいたのですが、実に効果抜群。

それまでは、今より5キロ以上も体重が増え、あわててダイエットしたこともありましたが、この方法に出合ってからは摂取カロリーと消費カロリーのバランスを1日レベルで調整すればいいため、とくに大変な努力をすることなく、ベスト体重をキープできています。

人は身体に自信がないと、自ずと消極的になってしまうものです。

消極的になると、ちょっとしたチャンスの場面でも二の足を踏んでしまい、結果、大事なチャンスを逃してしまいます。

目指すべき数字は、自分の目で裸の体を見て、いい感じだと素直に思えた体形の体重です。

以前読んだダイエット関係の本に、「平均体重は、あくまで目安であり、あの数値であることが正しいわけではない」と書いてありました。

人により骨格も違えば、骨の重量も違うからだと。

たしかに同じ身長でも筋肉質の人は必然的に体重が重くなりますし、そうでない人

体のチェックポイント3

1　正面から全体のバランスを見る

2　側面からお腹の出っぱりを見る

3　胸筋のあたりがどう見えるか確認する

は軽くなるというのは、皆さんご存知のことでしょう。

自分をプロデュースするには、まず自分に自信を持ち、納得した状態でなければなりません。

そして、自分の体に自信を持つには、やはり見た目を保つことなのです。

とはいえ、忙しいビジネスパーソンは、その時間をつくることもままならないでしょう。事実、私も会員制のジムに一度入会した経験がありますが、ほとんど行かずじまいでした。

自分に自信を持っていると、人前に出ても堂々としたパフォーマンスができるようになります。

毎日のチェックで微調整して、見た目も気持ちもベストな自分をつくり上げましょう。

第3章

チームで結果を出す朝のワーク

WORK 1

他人に対していっさい腹を立てない

ベッドを出た後に

人はそれぞれ立場によって考え方が違います。
職場で隣に座っている同僚と常に意見が一緒ということはないでしょう。
一緒に暮らしている家族ですら、まったく同じ意見なんてことはありません。
違って当たり前、同じであるほうがめずらしいのです。
結果を出し続ける人は、人に対していい意味で期待しすぎません。

自分と考え方が違う人に対しては、
批判したり、腹を立てたりするのではなく、

育ってきた環境が違うんだな、と解釈するのです。

反対に、自分が周りと違う意見のときも、そのことを否定したり恥じたりするのではなく、他人は他人、自分は自分だと考えましょう。

〝違っていること〟が受け入れられるようになると、人付き合いが非常に楽になります。


どんなシーンにおいても、考え方の違う人や合わない人は必ずいます。

長い人生、合わない人と組んで仕事をしなくてはならないこともあるでしょう。

そんなときは、意見の違う相手を憎むのでも、腹を立てるのでもなく、立場や環境が違うから思考が違うんだなと解釈し、広い心で受け入れましょう。

私も以前、考え方が大きく違う男性と仕事をしなければならない場面に遭遇しました。

彼と会うだけでイライラし、彼のひと言ひと言が耳に障《さわ》り、一緒にいると怒りの感情があふれ出てくるのです。ほかの仕事に影響を及ぼしてしまったこともあります。

「このままでいいわけがない」

さすがに、そう思った私は、考え方を大きく変えることにしました。

彼はこれまでの数十年、自分とはまったく違う生き方をしてきたのだから、まったくもって別の生き物なのだ、相容れることなどあるわけがないのだ、とあきらめたのです。

かなり極端なように思うかもしれませんが、そう思うようになったことで、イライラがなくなっただけでなく、「こんな面白いこと、よく考えつくな」とか「意外とこういう部分は同じように感じるんだな」など、その人のよいところまで見えるようになりました。

もちろん、すぐに、相手をあるがまま受け入れることは難しいでしょう。ストレスを抱えることも、はじめのうちはあるかもしれません。

ですが、相手にイライラをぶつけて、2人の間がギクシャクするのと、多少思うことがあったとしても2人で力を合わせ、目的に向かって共に進んでいくのとでは、当然後者がいいに決まっています。

人は、相手が思うような言動をしないとイライラしてしまう習性があります。

言い換えると、相手が自分の思うような言動をするものだと、勝手に期待し、思い描いていない対応をとられたときにイライラするのです。

取引先、お客様に対しては、上手に気持ちをコントロールできるかもしれませんが、チームリーダー、管理職になると、部下の指導や管理の仕事にも携わらなくてはなりません。経験も、力量も、年齢も、育ってきた環境も様々なので違って当たり前なのですが、部下だと思うとつい、怒りの感情に任せて叱り飛ばしてしまう、そんな上司の方々を見かけます。

これは、あなたにとっても、部下の方にとってもいい状況とはいえません。マインドフルネスで心を整えてしまいましょう。

期待しすぎなければ、裏切られたような気がすることもなく、イライラすることもなくなります。

お互いが、よりよいパフォーマンスをするために、あえて相手に期待しすぎない。結果を出すために、必要な方策といえるでしょう。

WORK 2

リフレーミングで想いを共有する

始業前の時間に

私の会社では、朝礼時に「グッド&ニュー」というゲームをしています。

これは、アメリカの加速教育の権威ピーター・クライン博士が推奨しているもので、アメリカの荒れている学校で導入したところ、校内暴力が収まり、さらに暴力的な生徒が、町の早朝美化活動の清掃に参加するまでに更生したという報告もあります。

チームワークを高めるのに非常に効果があるため、数年前から始めました。

やり方は簡単です。

社員全員（人数が多いときは数人ごとに）で輪になり、クッシュボールというやわらかくてフワフワしているボールを順に回していきます。ボールを渡された人は、右手から左手に、左手から右手にボールを動かしながら、24時間以内に起こった〝いいこと（グッド）〟や〝新しいこと（ニュー）〟を発表し、次の人に回していきます。これを繰り返して、その場にいる全員が話すようにするというゲームです。

体を動かすことによって、脳がポジティブになり、ネガティブな思考が消えていくうえに、24時間以内に起こった〝いいこと〟や〝新しいこと〟を発表のために考えることにより、たとえ過去24時間内に悪いことが起きていたとしても、その24時間が〝いいこと〟のフレームに置き換えられ、プラスの気持ちでスタートできます。

実際、このワークをしている会社で、前日友人と喧嘩し、ご機嫌斜めで出社した社員が、朝礼でこのワークをした後、気分がリセットされ、後の商談で大きな契約を取ったということもあります。

他にも大事な会議の日に、出掛け間際にショックな出来事に遭い、落ち込んでいた女性社員がこのワークをしたことで気分が好転し、その日の午後にあったプレゼンテーションでプロジェクトリーダーとして選ばれたこともあります。

このゲームのよいところは、自分にとってよかった話をするだけでなく、会社の仲間のよい話を聞くことにもあります。

楽しい会話をすると、脳の中でエンドルフィン（別名ハピネスホルモン）という多幸感をもたらす物質が分泌されるため、「なんだか心地がいい」という気持ちになります。

お互いによい影響を与え合うことで、チームの状態もよくなり、結果につながるというわけです。

さらに、チーム内のコミュニケーションを必然的にとることになるため、メンバー間のつながりが深まります。

チーム（部、課）として結果を出すには、メンバー内が良好な関係であることが必須です。

コミュニケーションは、かける時間の長さではなく、接する回数が非常に重要です。

グット&ニューゲームのやり方

1　最初の人がクッシュボールを持って、ボールを左右の手の間を移動させながらグット＆ニューを発表(誰でもよい)

2　発表を終えたらみんなで必ず拍手をする

3　次にボールを受け取った人はボールを左右の手の間を移動させながらグット＆ニューを発表

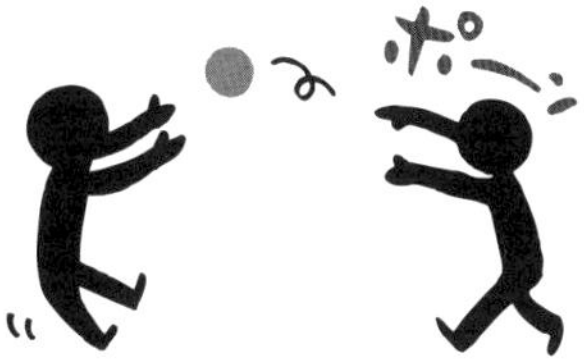

4　全員が終わるまで１～３を続ける

※グット＆ニュー…２４時間以内に起きたよいこと、もしくは新しいこと

米国の心理学者ザイアンスが１９６５年に発表した、「ザイアンスの法則」という有名な人間心理の法則があります。

この法則は、一度に長い時間を使って行うコミュニケーションより、短い時間でも複数回接触するほうが、相手に対して好意を持つというもので、そのことを証明する実験結果も出ています。

個の力を高め、チームの力も高めるこのワークは、強力な育成ワークともいえるでしょう。

WORK
3

大事なアポイントメントほど朝にする

始業前の時間に

信頼関係は、コミュニケーションの「質」と「量」で決まります。

10本のメールより、1回の面談のほうが「質」は確実に高くなります。相手の服装や身振り手振りなど、非言語の情報を得ることができるうえに、顔を見て話すだけで、人は安心し、握手をするだけで信頼感を高めることができます。

政治家が、選挙前にたくさんの方と握手しているのも、そのためでしょう。

しかし、1回会っただけでは、強力な信頼関係を築くことなどできません。

やはり、回を重ね、話をするなど、「量」を増やすことで信頼関係は徐々に深まります。

ただし、相手が忙しいと、なかなか時間がとれず、お会いするのもままならないでしょう。

物理的な距離や時間などの問題で、何回も会って話をするのが難しい場合もあります。

そんなときは、一度、朝早い時間にアポイントメントをとりましょう。

朝は1日をスタートする時間。

夕方、夜など遅い時間になると、その日の疲れも溜まっていますし、トラブルが起きたり、仕事の都合で、アポイントメントがキャンセルなんてことにもなりかねません。

朝であれば、よほどのことがない限り、相手も自分も万全な状態で顔を合わせることができます。

また、人の心理として、わざわざ朝早い時間に会うのだからムダな時間にはしたくないと考えるものです。

さらに朝は、アイデアが生まれやすい時間でもあります。

朝にアポイントメントをとることで、コミュニケーションの「量」を「質」で補うのです。

私の知り合いの編集者は、地方に住む著者とメッセンジャーを駆使して、何冊も本をつくっています。

相手の朝の移動時間を利用して、やりとりしているのだそうです。

メッセンジャーは、会話をするように言葉を交わしていくため、ダイレクトに話をすることができ、実際のミーティングに値するほどの成果が得られるそうです。

私の会社でも、部下指導も早い時間を活用したアーリーミーティングを取り入れ、社員の成長のスピードが２倍に伸び、結果、業績も上がりました。

普段なかなか落ち着いて話すことができない相手、大事な話をしたいときは、朝、それもちょっと早めにアポイントメントをとり、質の高いミーティングを行いましょう。

WORK 4

「自分じゃなくてもいい仕事」を選ぶ

始業前の時間に

ときとして、自分ひとりでは手が回らないこともあるのが仕事です。このとき、自分さえ頑張ればどうにかなると考えがちですが、その判断は残念ながら間違いです。結果を出す人は、他人の能力をうまく活用し、仕事を振り分けます。

この能力なくして、大きな成果は上げられません。

なぜなら、自分ひとりでできる仕事には限度があるからです。

自分の力、状況、環境を見極め、結果を出すために最善の策（仕事の割り振り）を練るのです。

自分でなくてもいい仕事の見極め方

次のような状況のときは、
仕事をどんどん割り振りましょう。

↓

- 時間は多少かかっても締め切りに間に合うスピードでその案件の対応ができる部下がいる
- 抱えている仕事の優先順位を決めたときに、下位に来るもの
- 仕事を任せてもクオリティーが一定レベルを保てる部下がいる
- 二割のサポートをすれば、仕事を完結できる部下がいる
- 皆が協力してくれる人間性のある部下がいる
- 育成すべき部下がいる
- 書類の下案作成など、部下の力を借りることでより効率的に回すことができるもの

自分の仕事なのだから、他人、ましてや部下に頼るなんてできない。自分ひとりでできる、と思うかもしれません。

ですが、仕事で大事なことは結果を出すことです。

そのために、今、何をすべきかを考え、実行する。その姿勢が、よい結果を生み出すといってもいいでしょう。

他人に任せるのは、決して楽ではありません。

それなりの冷静さと覚悟、そして手順が必要です。

まずは先ほど書き出した項目に、重要度に優先順位を置き、数字で順番を振ります。

重要度別に上から書き換えてもいいでしょう。

続いて、その仕事を誰に振り分けるかを決めます。

自分がやるべき案件か、部下に指示を出すべき案件か、仕事の内容や難易度を見て、適材適所で仕事を振り分けましょう。

ここで大切なことは、自分でなくてもよい仕事は勇気を持って手放し、部下や他人にどんどん振ってしまうこと。この思い切りがないと、本来、自分でなければいけない重要な仕事ができなくなってしまいます。

ただし、振りっぱなしにしないこと。

最良の結果を出すために、仕事を任せる相手のモチベーションのマネジメントも必要です。

ただし、仕事を依頼するときだけ、にわかコミュニケーションをとっても、誰も率先して動いてはくれません。

そして、普段から自分自身も協力的に他人を支援するスタンスが必要です。その積み重ねがあるからこそ、いざ自分が応援してもらうときに生きてくるのです。

そのことは忘れないでください。

WORK 5

部下に指示の前フリをする

始業前の時間に

最近、朝礼を行う会社が増えています。

朝礼は、その日1日の部、チームのあり方や方針を固める重要な場です。

結果を出す人は、朝礼時に部下にざっくりと、その日、週の仕事の予定、いわゆる〝前フリ〟をしています。

「今日はこういう仕事があるから後で手伝ってほしい」

「来月、こんな仕事をすることになったから、君に担当してもらおうと思っている。心の準備、よろしくな」など。

前フリをしておくと、部下のほうでも「次は、こんな仕事が来るんだな」などと、心の準備ができるため、指示と同時に行動に移すことができます。

いわば前フリは、スムーズに物事を進めるための事前準備なのです。

前フリがないと、部下のほうも心構えや準備ができていないため、いきなり仕事を振られても困ってしまいますし、進行が滞ってしまうことになりかねません。


最高のパフォーマンスは、環境、心が整ってこそ、発揮できます。


あなたと部下、それぞれがよいパフォーマンスをするためにも、前フリを徹底するといいでしょう。「朝礼で前フリ」をルールとして決めてしまえば、短時間で、お互い負担なく進めることができます。

ただし、１つ注意が必要です。

「今度、こういう仕事があるから、時期がきたらみんなに振るから」などと、全体に向けて説明しただけでは前フリが完了したとはいえません。

前フリは、仕事を振る人それぞれ個人に説明をして、はじめて成り立ちます。

全体に話すことももちろん大切ですが、必ず個人に行ってください。


また、会社として取り組むようなプロジェクトなどについては、全体に発表する前に、実際に仕事をする部下には、その前に伝えておきましょう。

前フリの前フリです。

そうすることで、全体発表のときから、彼らは「自分ごと」として話を聞き、参加するようになります。

難しい案件、規模の大きな案件の場合は、実際にスタートする2カ月、3カ月前に伝え、現在、かかわっている仕事の引き継ぎなど、準備に入ってもらう必要があります。

担当者に心の準備をしてもらうと同時に、新しい仕事について考える時間を与えるために、早めに前フリをしておきましょう。その時間をとるかとらないかで、その後のプロジェクトの成果や協力体制に大きな違いが出るので、早ければ早いに越したことはありません。

そしてもう１つ、前フリには大きな効果があります。

それは、前フリをすることで、部下があなたを信頼できる人と考えることです。

いきなり仕事を振られ、「こっちの都合も考えてくれ」と思ったことはありませんか？

部下も同じです。

前もって話をしてくれていると、「自分の都合にも配慮してくれているんだな」「大事にしてもらっているな」と感じ、と悪い気はしません。

このちょっとした気遣いが、その後の部下のパフォーマンスに大きな影響を及ぼします。

わずか１分の前フリでも、その１分が大きな意味を持つのです。

WORK
6

脳内プレ会議で成功体験を積む

通勤中に

結果を出し続けている人は、通勤電車の中で過ごす時間もしっかり活用しています。

電車の中は、自分の考えをまとめるのに、とても適しているからです。

以前お会いした、いわゆる成功者と呼ばれるトップセールスの人は、運よく、落ち着いて座ることができたときは、その日1日の流れを頭の中で予行演習し、ムダなく、効率的に送ることができよう準備に当てていました。

１日の流れ、会議があるならその進行、商談やプレゼンがあるならその段取りを、はじめから最後まできっちりイメージし、あいまいな部分や疑問が浮かんだ部分は、資料等を持っていればその場で確認し、資料がなければ会社でチェックできるようにメモをします。

そうすることで、理解、認識の漏れをなくし、その場に臨むことができるため、会議や商談でミスが防げるうえに、よい時間にできるのだそうです。

１日を予習することの効果は、様々なリスクを先取りできるだけではありません。俯瞰《ふかん》して見ることができるので、どういう風に、その日の行事を活用すればいいかなど、よりよいパフォーマンスの演出を具体的に考えることができます。

会議なら、司会進行の挨拶から始まり、徐々に進行していくなか、自分の出番がきます。そこで、落ち着いて雄弁をふるっている姿を想像します。その姿が場に合っているようでしたら、実際の会議でも同じように振る舞うといいでしょう。

もし、いまいちだと感じたら、いくつかの立ち居振る舞いを考えて試し、その中でいちばんよい効果を引き出せそうなパフォーマンスを選びましょう。

方針が固まったら、後はそのパフォーマンスで最高の結果を導き出している自分を想像してください。

これを何回か繰り返すことで、本番の疑似体験が何度もでき、余計な不安や恐れが消えてなくなり、本番で大事な話を忘れたり、ミスをしたりすることが大きく減ります。

イメージ上の自分であっても、
潜在意識は本当の自分ととらえ、
1つの成功体験として記憶し、
今後はそれをもとに動くようになるからです。

また、イメージを繰り返すことで、発表の仕方もどんどん上手になりますし、会議等の進行、流れもよくなり、ムダも減らせるため、効率も効果も高まります。

会議がスムーズに流れ、スピードアップし、意義あるものにできれば、会議に参加する人たちにとっても、いいことずくめ。

会議が活性化すれば、メンバー同士の意思疎通が図れ、目標に対する意識も共有できます。

実際、成長している会社の会議は、参加者それぞれがよいパフォーマンスで、熱がこもっています。

会議の予習は、細かいところまで欠かさずイメージしておきましょう。

WORK 7

決断は1分だけ本気で考える

ベッドを出た後に

人生は決断の連続です。

今あなたがこの文章を読んでいるのも、「この本を買う」という決断があったから。もしくは「この本を読む」という決断があったからです（買わないという決断はオススメしません（笑））。

無意識のうちに行う決断も含めると、
人は1日に１００回以上の決断を下しているといわれます。

起きる、ベッドから出る、歯を磨く……、すべて決断したうえでの行動です。

これだけの決断を日々しているわけですから、1つ当たりの決断にかかる時間はほんのわずか。1分かかっていないものも、たくさんあるでしょう。

「三日三晩考える」というフレーズがありますが、実際のところ、三日三晩考えようが、十月十日《とつきとおか》悩もうが、決断は一瞬。「決断しよう」と決めてからは、ほんの数分で最終的な決断を下しているはずです。

つまり、迷う時間と、決定する時間とは別なのです。


私はよく決断が速いといわれますが、それは、あれこれ迷う時間を極力減らしているからです。

複数のビジネスをしているので、1つの案件にそんなには時間をとれません。それだけ、部下や実際に担当するスタッフたちを待たせることになってしまうからです。

スマートに結論を出すにはどうしたらいいか考えたところ、悩んだり迷ったりすることと決断は別物だと気づき、ただなんとなく悩むのはやめて、結論を出すことに注力するようにしました。

すると、だんだんとですが、決断がスムーズにできるようになったのです。

現在では、周りの人を巻き込まなければならない案件など、よほどのことがない限り、1分だけ本気で考えて決断を下すことにしています。言い換えると、1分だけ本気で考えたら、それでおしまいにします。

このとき考えるのは「どうしようかな」ではなく、これから下す決断によって起こることの想定とその対処法です。起こりうるリスク、事象を踏まえたうえでこの決断でよいか検証し、最終結論を導き出していきます。

決断が速くなると、自由な時間が増えます。

決断が速まった分だけ、起こす行動も早まり、当然、結果も早く出ます。

さらに余った時間を次の決断に使えるため、次の結果も早く得られ、またその次に移る……の繰り返し。

つまり同じ1日でも、１つの結果しか得られない人もいれば、複数の結果を得られる人もいるわけです。

決断の速さは、生産性に大きく影響するといえるでしょう。

WORK 8

朝ホメで部下のモチベーションを上げる

始業前の時間に

24歳で起業したとき、私は経営とは何か、経営者、リーダーとはどういう存在であるべきか、人材育成法など、まったく何も知りませんでした。

もちろん、自分の業界（理美容業）については理解していましたが、それ以外は、現場で経験するなかで、失敗を重ねながら、対応ほかを学びました。おそらく部下もドキドキしていたことでしょう。

どうにかこうにかではありましたが、4年後、28歳になったときには、2店舗目ができ、15名を超える部下がいました。しかし、経営者としてはまだまだ至らない状態であることは、誰が見ても明らかだったと思います。

経営者として、成長ができたのは、さらにその後のことです。

きっかけは、立て続けに起きたトラブルでした。

業績が落ち込んだり、社員の謀反があったり、これでもかというほど、会社にとって大きなトラブルがいくつも起きてしまったのです。

いったいなぜ、そんなことになってしまったのか。

それは、私の考え方に問題がありました。

当時の私は、もちろん社員のことも自分なりに考えていましたが、自分自身が成功することにもっとも重点を置いていました。

つまり、自分本位の考えで様々な指示を出し、行動していたのです。

大切な命という時間を会社に提供している部下にとってはとんでもないことですが、私はまったく気づいていませんでした。その結果、部下のモチベーションが上がらないどころか、謀反まで起きてしまったのです。

経営者でなくとも、リーダー、管理職として、部下を抱えるようになったら、自分のことばかり考えているわけにはいきません。

部下、チーム（組織）全体にも目を向け、部下が存分に仕事に集中できる環境を用意すること、そしてこの職場で働くことに意味を感じられるようにすることが大切です。

人には、4つの欲求があるといわれています。

●愛されること
●ほめられること
●評価されること
●必要とされること

なかでも「ほめられること」に対してはとくに欲求が強いため、些細なことであってもほめ言葉をかけるようにしましょう。

声が大きく元気のよい社員には、「いい挨拶だね。〇〇さんがいると職場が明るくなるよ」、デスクがいつもキレイな社員には、「〇〇さんのデスクはいつもキレイで見ていて気持ちがいいね」など、ちょっとしたことでかまいません。

相手に対し、いいなと思ったことは、さらりとひと言、褒めてあげてください。朝から褒められて気分が悪い人はいません。

これは結果的に、組織力の底上げになります。

効果絶大なので、どんどんほめてあげてください。

WORK 9

バリデーションサークルでチーム力をアップ

始業前の時間に

組織にとっていちばん大切なスキルは、技術ではありません。

技術で採用したものの、人間性で解雇ということは、よく見られます。

一人だけ、突出した力を持つ人がいたとしても、その人がいることによって、ほかのメンバーがやる気をなくしたり、モチベーションが下がってしまったりして、全体としてのチーム力が落ちてしまうなんてこともあります。

組織は、個々の能力ではなく、全体としてのチーム力が本当の実力です。

つまり、メンバー一人ひとりのモチベーションをあげることでチーム力が高まります。

部下をほめるのも有効ですが、見つからない場合は先に紹介した4つの欲のうち残りの3つ「愛されること」「評価されること」「必要とされること」を意識して声をかけましょう。

「最近調子はどうだ」「家族サービスしているのか」「ゴルフのスコアは減ったか」など、仕事に関係していないことでもかまいません。

できれば部下が話に乗ってきやすいものがよいでしょう。部下が話すようになったら、相づちをうったり、質問を繰り返したりして話をつないでいくのです。

コツは、部下の好きなフィールドを話題にすることです。


この4つを一度にできてしまうワークもあります。

バリデーションサークルというもので、自分の存在を証明するワークです。

まず、発言者がターゲットに対して次のように言います。

「○○さんが、このチームにいてくれてよかった」

するとこれを聞いた周りの人も、○○さんがいるとチームが□□になるので、いてくれてよかったなと思うという流れです。

褒めること、評価されること、必要とされること、愛されること――。
これによって各社員が、自分が会社に存在する意味を見出せ、必要とされていることが実感されるので、仕事へのモチベーションが上がります。

その結果、会社の空気もよくなり、業績アップに繋がります。

発表の内容を全員に行きわたるようにしたいなら、AさんがBさん、BさんがCさん、CさんがDさんの要領で繋ぎます。順番はどんな順番でもかまいません。
ミーティングの最後にやると、チームの空気がよくなり、結果か組織力もあがります。
これを毎日続けると、お互いの人となりがわかるようになり、関係が深まります。

人は信頼できるリーダーの下では、パフォーマンスが上がります。

1日の中でもっともモチベーションを上げやすい朝という時間に、しっかりコミュニケーションを取り、信頼関係を築いていきましょう。

第4章

アイデアが高まる朝のワーク

WORK 1

熱めのシャワーでアイデア脳を覚醒させる

朝シャワー中に

ビジネスパーソンの多くが朝、シャワーを浴びて、心身共にシャキッとさせているそうです。

実はこのシャワーの時間も、ひと工夫するだけでパワーアップの場になります。

やり方はとっても簡単です。

最初の1分間、何もせず、

ただシャワーに打たれるだけ。

滝に打たれるように、後頭部、首すじ（うなじ）を中心に、やや熱めのシャワーを浴びるのです。

シャワーに打たれていると、だんだん体中の血が回り始め、全身のこわばりがとれ、非常にリラックスできていくのがわかります。

前日に起こったイヤなことも、シャワーで流されていくのが実感できます。

また、熱めのシャワーを浴びると、自律神経の交感神経が刺激を受けて覚醒作用が得られます。

東京ガス都市生活研究所の研究報告書によれば、起床後にコーヒーを飲んだあとの爽快感とシャワーを浴びたあとの爽快感を比較すると、シャワーのほうがコーヒーの倍以上の効果が認められるとのことです。

まさに、これから始まる1日の最高のプロローグというわけです。

何も考えずシャワーに打たれていると、不思議と心が落ち着き、ビジネスアイデアが浮かんでくることがしばしばあります。

実際、このリラックスした時間に出てきたアイデアをビジネスに活かしたことも一度や二度ではありません。

以前、ずっと悩んでいたクライアントのブランドコンセプトのメインキャッチがシャワー中にふっと浮かび、すぐにシャワーを切り上げメモをとり、デザイナーとMTGで仕上げたことがありました。

その後、メインキャッチの言葉を見かけた出版社からクライアントに執筆依頼があり、本当に驚きました。

ほかにも、新しい本の企画やセミナーのコンテンツなどが出てくることもあります。本書も含めて、過去執筆した書籍の企画はほとんどこの時間に浮かんできました。

もちろん普段から、アイデアをしっかり練り上げてサービスにしていますが、このようにシャワー中の閃きから大きな売上げにつながることも多々あるのです。

ただし、気をつけてほしいことがあります。

それは、最初にお話ししたように、シャワーに打たれるだけにすること。

新企画のアイデアが欲しい！　何か出てこい‼　などと思いながら浴びてしまうと、かえって何も出てきません。自然に出てくるのを待ちましょう。

無心でシャワーに打たれていると瞑想状態に入ります。そして、あなたの意思とは違うところで、ここ数日起こったことや潜在意識に刷り込まれたものが自然に融合し、次々と、アイデアがイメージとなって頭に浮かんできます。

この素晴らしい状態が、シャワーを浴びるだけでできてしまうのです。

ぜひ、試してください。

あなたの人生を大きく変える素晴らしいアイデアが出てくるかもしれません。

WORK 2

「おめざメモ」で可能性のタマゴをムダにしない

ベッドの中で

ベッドの中で今日1日の過ごし方をイメージしていると、新しいアイデアがどんどん浮かんできます。

「取引先にあれを持っていったらどうだろう?」

「今日の後輩との打合せでは、こういうことをアドバイスしてあげよう」

「デートはあのお店にしよう」など。

このときに浮かんだアイデアが大きな利益を生み出すこともよくあります。

朝は、アイデアが生まれやすいゴールデンタイムです。

結果を出す人は、朝に生まれたアイデアをとても大事にしています。

**起きて間もないときの脳は、
夢と現実のはざまを行ったりきたりしているので、
いつもなら考えつかないようなこと、
思ってもみなかったアイデアが
生まれてくることを知っているからです。**

私はよく人からアイデアマンだといわれるのですが、アイデアの原形は、そのほとんどが朝の閃きです。それをざっくりメモし、まとめ直すことで、キーワードが見つかり、企画としてカタチにすることでビジネスにつなげています。

行き詰まっている問題の突破口となるヒントが下りてくることもあります。

成功者や名経営者に早起きの人が多いのも、朝はアイデアが出やすい環境であることと無関係ではないでしょう。

ただし、浮かんだアイデアを覚えていれば、の話です。

せっかく閃いたアイデアも忘れてしまっては、まったく意味がありません。

思いついたアイデアは、その場で必ずメモしてください。自分がわかればいいので、要点だけでOKです。

常にメモ用紙とペンを常に枕元に置いておき、書ける状態にしておきましょう。携帯電話等のメモ機能を活用するのも1つです。

私はこの朝のメモを「おめざメモ」と呼んでいます。

「おめざメモ」によって、私も多くの利益を生み出すことができています。

ある朝、ベッドの中で経営している美容室のことをぼーっと考えていたところ、価格を3段階に分ける「スリープライス」という言葉を思いつき、とりあえず「おめざメモ」に記しました。

その後、メモを眺めながら、どんなことができるだろうと考えたところ、メニューを「カットのみ」「カット&シャンプー&ブロー」「カット&シャンプー&ブロー&メイク」の低・中・高3つの価格帯でサービスを展開したらいいのではないかと思い至り、試しにやってみることにしました。

するとこれが大当たり。デートや同窓会など、ちょっとおしゃれしたいときに来店してくださったり、高校生が友達と一緒に来たりなど、様々な用途で幅広い層の方が来てくださるようになり、お店に多くの利益をもたらしたのです。

ほかにも、セミナーのテーマや切り口など様々なアイデアが生まれ、それをもとに行ったセミナーには多くの人に参加していただいています。

朝の思いつきは可能性のタマゴ。必ず書き残しておきましょう。

ただし、アイデアには鮮度があります。

どんなにいいアイデアであっても、時間が経つにつれて常識的な思考が入り込み、角がとれてつまらないものになってしまいます。

会議などで、最初は非常に斬新なアイデアだったものが、ディスカッションを重ねていくうちに、よくあるつまらないものになってしまった経験はないでしょうか。

これはまさにアイデアの鮮度が落ちてしまった典型です。そうならないためにも、浮かんだ新しいアイデアはカタチにしていきましょう。

WORK
3

大見出し&広告でトレンドとセンスをつかむ

朝の支度時間に

一流のビジネスパーソンの話を聞いていると、ネット社会とはいえ新聞や広告を読む人はまだまだいるようです。

ここでは、新聞をより効率的&効果的に読みこなす方法をお話ししましょう。

新聞の読み方は、ただ1つ。
ざっくりと読んでしまうことです。

まずは大見出しのみ目を通し、興味を抱いた記事をチェックします。

記事を1つひとつじっくり読んでいくのは、面倒だし時間もかかってしまいます。ただでさえ忙しい朝、時間がかかることは避けたいもの。

新聞は大切なことを大見出しにしているので、それを読めばだいたい内容がわかります。

それも最初の10面だけでＯＫ。現在の世の中の動きを把握するには十分です。

そもそも、すべてのニュースの詳細を知っておく必要などありません。

「ざっくりでいいから情報を入手しよう」と考えて読むと、気が楽になり、受け入れ態勢が自分の中に整うため、より効果的です。


意外に見落としがちなのですが、記事以上の情報が新聞にはたくさんあります。

広告欄、とくに書籍や雑誌広告はネタの宝庫です。

書籍や雑誌は、その時々の世の中のトレンドを押さえてつくられているので、どんなテーマが取り上げられているかをチェックするだけで、世の中で流行《はや》っているものや、これから流行りそうなコンテンツを予想することができます。

ベストセラーなどは、今後の流行の種になることが多いので、タイトルや章立て、内容をざっくり観察しておくといいでしょう。利益を生み出すビジネスのヒントを得られることも少なくありません。

記事とは違う切り口でトレンドがわかり、センスが磨かれるので、オススメです。新聞ではなくテレビからニュース、情報を仕入れる人も少なくないでしょう。朝食時なら、なおさらそうかもしれません。

ですが、テレビを見ていると、つい時間が過ぎてしまうので、画像はほとんど見ず、音声だけを聞き流すようにしましょう。「ながらニュース」にするのです。忙しい朝にわざわざ画像を見て、時間をロスする必要はありません。

ニュース＝必ず知っておくこと＝大切、ではなく、あなたにとって必要な情報を効率よく吸収することが大切なのです。

〇〇〇新聞
確定拠出年金　個人型解禁に
生保や証券が売り込みを積極化
「市場規模は1兆円に達する」との期待も
これまで自営業者らにしか加入が認められてこなかった個人型の確定拠出年金(DC)が、原則全ての人に解禁されることとなった。
バドミントン女子ダブル
金メダル
オリンピック、バドミントン女子ダブルスの決勝が行われ、日本のバドミントン界初の金メダルが
67万部か。経営者じゃない人も、会社のあり方について考える時代になったということか。
シリーズ67万部突破！　感激の声続出
日本でいちばん大切にしたい会社6
坂本光司
キラーストレスから自分を守る！
心を整えるマインドフルネスCDブック
人見ルミ
Googleのマインドフルネスはここから始まった！
リセット
～Google流 最高の自分を引き出す5つの方法～
ゴーピ・カライル
あさ出版
ライザップメソッド公式解説本！
自宅でできるライザップ 食事編
自宅でできるライザップ 運動編
ライザップ
D出版
60万部突破！
どんなに体がかたい人でもベターッと開脚できるようになるすごい方法
Eiko
S出版
健康志向、ますます高まっているんだな～。うちの会社でも何かできないだろうか・・・
マインドフルネスが最近流行っているな。なら、今朝の朝礼で話してみよう。部下の指導にもいいかも。

WORK 4

セミナー音声で効率よく差をつける

通勤中に

通勤時間は、結果を出し続けている人にとって、自身の可能性を育てる時間です。

この時間をうまく使って、その日、そして将来を変えています。

通勤時間だけ勉強して資格をとったという人もいれば、英語が話せるようになったという人、天職に出合えたという人もいます。

ビジネススキルを高めるのにオススメなのが、セミナー音声を聞くことです。

私は以前、20分ほどかけて、会社まで車で通勤していたことがありました。

このとき運転しながら、様々な人のセミナー音声をひたすら聞くのが日課でした。

地方住まいなうえに忙しかった私にとって、この20分が唯一の勉強タイム。

そこで得られた学びや気づきは、今の私に大きく影響を与えています。

あえてセミナー音声をオススメする理由は、書籍とはまた違った学びがあること、
そして、その語り手である講師の教えをダイレクトに受けることができるからです。

ですが、たった1回セミナーを受講しただけでは、自分のものにはできません。何度も聞くことで、ようやく自分の思考として定着し、行動につなげることができます。

忙しい毎日、同じセミナーに何度も行く時間もお金もないのが普通です。セミナー音声を繰り返し聞くことで、時間もコストも抑えられますし、「ながら勉強」でよいので手間もかかりません。

勉強熱心なビジネスパーソンであっても読書はするでしょうが、なかなかセミナー音声まで手を伸ばしている人は多くありません。

他人と差をつける勉強法ともいえるでしょう。

WORK 5

中吊り広告で言葉力を磨く

通勤中に

電車の中は、学びの宝庫です。

様々な気づきや学びをこれほどまでに得られる場所は、ほかになかなかないでしょう。

その1つが中吊り広告です。

ご存知の方も多いでしょうが、中吊り広告は、非常に高い代金を払って企業が出しています。

それだけに、気合いの入ったキャッチコピー、デザインが詰まっています。高い代金を払って、プロに作成を依頼している企業も少なくありません。

中吊り広告は、練りに練られたプロ中のプロの作品。言葉の魅せ方、活かし方、言い回しを勉強するには、もってこいの教材なのです。

以前、中吊り広告にあったキャッチコピーを真似てセミナーのタイトルを変えたら、それまでよりずっと大勢のお客様から申し込みがありました。それ以降、人を惹きつける言い回しや魅せ方を学んでは、プレゼンの資料や新商品のネーミングで参考にしたり、イベントのタイトルで活用しています。

毎日電車の中で、キャッチコピー作成セミナーが行われているわけです。プロに文章を学ぶ、貴重なチャンスをどんどん活用しましょう。

ただし、眺めるだけでは頭に残りません。

まず1社の中吊り広告を1分ほど眺めます。次に、そこで使われていたキャッチコピーを自社商品やサービス、自分の持っているコンテンツに使えないか、置き換えて考えてみるのです。

この作業は、思考のトレーニングにも、新商品のキャッチの誕生にもつながります。目線を変えることで、広告がトレンド情報になり、発想ネタになるからです。

一見ビジネスに関係のない雑誌広告が大きなヒントになることはよくあります。

「何かに使えるのでは」という視点で見ると、学びと気づきでいっぱいになるでしょう。

WORK 6

周りの人の会話や所持品を観察する

通勤中に

電車の中や喫茶店は、生情報の宝庫です。

周りを見渡せばわかるように、男性、女性、子ども、若者、中高年など、ありとあらゆる年齢、個性を持った人々が集まっています。海外の方も少なくありません。つまり、ネットではわからない社会の生情報を手に入れることができるのです。

生情報というのは、実際の社会でどんなことが起きているか、そして、人々は実際どんなことを考えているか、ということ。

ファッションや所持品、行動、会話、読んでいる書籍や雑誌などから、どういったことに人々が興味を抱いているか、メディアやネットでは見えてこない様相を知ることができます。

たとえば私は職業柄、ヘアスタイルや読んでいる本、雑誌のタイトルをチェックしています。たまに開いているページが目に入ることもあるので、どの年代の人がどのような記事に興味を持っているかなどが具体的にわかることもあります。じっと見ると怪しいので、さらっと視線を流すように1分程度眺めるだけですが、それでもたくさんの情報が集まります。

得た情報から、新たなセミナーやビジネスの案が生まれることも少なくありません。

友人の編集者は、電車で隣に座っていたOLらしき女性2人が、「契約書」チェックの難しさについて話しているのが聞こえてきたので、これまでなかった中小企業の総務部向けの「契約書本」を企画したところ、ベストセラーとなったそうです。

繰り広げられている会話には、不満が入っていることもよくあります。

会社への不満であったり、夫や妻、親への不満であったり、生活の不満であったりと様々ですが、話を聞いていると、不満の本質を汲み取ることができます。

その不満をどう解消するか。

この発想が、新商品や新しい企画のアイデアになります。

ほかにも、電車に乗っている人の持ち物から次に流行る商品や、これから伸びるであろうビジネスが予測できます。


目の前で起きている事象を見て、その裏側にあるものを予測し、検証し、新しいものを生み出す。

それが、ビジネスです。


生の情報に勝る情報はありません。

周りの人を観察し、そこからどんなビジネスチャンスが考えられるかというトレーニングを繰り返すと、感覚がどんどん研ぎ澄まされます。

アイデア力を鍛えましょう。

WORK 7

3つの方向から見て決断を下す

始業前の時間に

ネットやメディアの多様化によって、日々たくさんの情報、そして出合いに恵まれるようになりました。

たとえばフェイスブックでは、アカウントを持っていると、勝手に友達ができ（承認制度はありますが）、その人の日常生活まで知ることができます。数年前までは考えられなかった世界が日常になっているのです。

こうした進化は今後も続くため、ますますたくさんの情報にさらされるようになるでしょう。

日々多くの、それも魅惑的な情報に触れていると、自分も負けじと発信したり、ついやりとりに夢中になったり、グループ（コミュニティ）に参加したり、知らず知らずのうちに情報に振り回される事態に陥りやすくなります。

もちろん、情報に刺激を受けるのはいいのですが、それこそ、寝る間を惜しんで没頭してしまったり、他人の意見に振り回されてばかりの人も見かけます。

これはとても危険です。

「あなた」はあなた自身で保たなければなりません。
それには、あなただからこその判断軸を持つことが必要です。

私は常に「私自身」であるために、「これだけは！」という判断基準をつくっています。迷ったときやちょっと気になることがあったときは必ずここに戻り、「後藤勇人」としてどうかを考え、決断を下しています。

判断の基準は、次の３つの視点から物事を見てＯＫかどうかです。

①　根本的視点
②　多面的視点
③　長期的視点

①根本的視点とは、物事の本質から見て「後藤勇人ならどうすべきか」です。
たとえば、自分がとろうとしている行動や解決策が、人として、あるいは社会人として正しいかどうか、自分の人生理念に合っているかどうか、などの視点です。

根本的視点は、理念思考ともいえるでしょう。
②多面的視点とは、一方からその物事を見るのではなく、複数の側面から見て「後藤勇人がすべきこと」かどうかです。
円すいは上から見れば円ですが、真横から見れば三角形です。同じように、物事は見る角度を変えるとまったく見え方が違ってきます。

つまり、ある角度から見ると「後藤勇人がすべきこと」であっても、違う角度から見ると「後藤勇人がすべきこと」ではなさそうだ、という場合は、「やらない」という判断を下します。

多面的思考は、バランス思考ともいえるでしょう。
③長期的視点とは、その名のとおり長い目で見て「後藤勇人が、今すべきこと」かどうかです。
目先の小さなお金を追うあまり、将来生まれるであろう大きなキャッシュやチャンスのことまで見やることができず、チャンスを逃してしまうことがあります。

そうならないために、長期的視点を意識することが必要なのです。

長期的思考は、未来設計思考といえるでしょう。

①～③の視点で物事を見ることによって、私は多様な情報に惑わされることなく、自身がブレずにすんでいます。目先の欲やお金のメリット・短期的なうまみといったものだけに判断が偏らないですむからです。
立ち戻るといっても、それぞれ1分くらいのワークです。

「①根本的視点は意識したか？」「②多面的視点は意識したか？」「③長期的視点は意

識したか？」を自分に問いかけながら振り返るだけ。

自分なりの判断基準をつくり、
ブレない自分の判断軸を持つことで、
優柔不断も治り、迷う時間も必要なくなります。
人生の質は決断の質、つまり判断の質です。

大事な判断を間違えないためにも、この３つの視点を意識しましょう。

WORK
8

外に出て風を感じる

ベッドを出た後に

仕事に忙殺されていると、その日の天気がどうだったのか、暖かったのか寒かったのかすらわからないまま過ごしているという話をよく聞きます。

つまり、周りが見えていないということです。

周りが見えていないということは、冷静に仕事に取り組めていない可能性が高いということです。そんなとき、人は大きなミスをしがちです。

仕事に適した状態に持っていくのに、オススメの方法があります。

必ず一度は、日中に外に出て深呼吸をすることです。

最適なのは朝（午前中）です。ほんの少しの時間であっても、外に出て、朝の澄んだ空気や風、日差しを直接肌で感じることで、身体や感覚が目覚め、頭や心がクリアになり、思考が活性化されます。

また、深呼吸には、酸素を大量に取り込むことで、血流（体液の状態）が正常に戻り、老廃物が排出されることから、疲労が回復する効果があります。

また、心のモヤモヤが吹き飛ぶ効果も見られます。

大きくゆっくり、何度か深呼吸を繰り返しましょう。

余裕があるときは軽く体を動かすといいでしょう。

空を見上げてストレッチをしたり、植物に水をあげたり、数分間、散歩をしたり。

そうすることで、血流がよくなり、脳がはっきりしてきます。

血が流れると、脳にも栄養が届くからでしょうか、思いがけないアイデアが湧いてくることもあります。

先ほどもお話ししましたが、朝のアイデアは貴重です。しっかりメモしておきましょう。

人間は生活にマンネリを感じると、やる気が湧かなくなるという性質を持っています。仕事に追われ、仕事以外のことに目を向けられないような状態が続くと、生命力が衰え、なかにはうつ状態に陥ってしまうことも起こりえます。

自然の風や日差しは、動物が本来持っているポテンシャルを呼び覚まします。外に出ると気持ちがスッキリするのは、そのためです。

自分を常に最高の状態に保つには、定期的なリフレッシュが欠かせません。その簡単な方法が、朝、外に出ることなのです。

最高のパフォーマンスを発揮するためにも、仕事の前に深呼吸をして、本来のエネルギッシュな自分を取り戻しましょう。

WORK 9

思い切って休む

ベッドを出た後に

いつも100%のパフォーマンスを発揮するには、自分の体と心を常に最高の状態にしておかなくてはなりません。

結果を出し続ける人は、朝のうちに体と心の調整をしています。

疲れているときは、仕事と関係のないリラクゼーション音楽を聴いたり、好きな動画を見たりするのもいいでしょう。時間があれば、思い切って映画に行くのもひとつです。

忙しいと、つい自分の体と心を酷使して働き詰めになり、結果的にパフォーマンスが落ちたり、生産性が悪くなったりしてしまいます。

生産性が悪いと、長い時間働いても思うように進まず、結果が出ない人のまま。やはり、結果を出すには、メリハリが必要です。

たとえば私は、夜は完全にリラックス時間なので、20時以降は、よほどのことがない限り仕事をしないようにしています。

空いた時間には映画やサウナに行ってリラックスしたり、ペットと遊んだりします。

休まないことで、生産性が落ちるのでは、本末転倒です。

朝起きたときに、今日はいつもと違って体が動かない、気持ちが不安定など、バランスが悪くなりそうななんらかの信号を感じたときは、迷わず、休養し充電しましょう。

会社を休むのも、もちろん１つの選択肢ですが、なかなかそうもいかないでしょう。

そういうときは、思い切り力を抜いてぼーっとするなど、リラックスする時間を意識してつくってください。

10分ほど時間をとって、行ってみたい旅行先を検索する、欲しい趣味用品を探すなど、想像するとワクワクするようなことを調べるだけでも、人間の脳はリラックスされます。

これらは、癒しへの自己投資です。
あえて休むことで、心と体の状態が整い、
仕事がはかどることはめずらしくありません。

最高のパフォーマンスを続けるためには思い切って休むという選択肢を持ちましょう。

第5章

人との関係が劇的によくなる朝のワーク

WORK 1

人との出会いをカタチにする

ベッドの中で

仕事柄、毎日、多くの方とお会いします。

縁あって出会えた方だけあって素敵な方ばかりなのですが、時折、強烈に「ビビッ」と感じる人がいます。

恋愛では「ビビビッ」ときたかどうかが大事だとよくいいますが、それと同じで、人生、ことにビジネスにおいても「ビビッ」は大事だと、私は考えています。

今、このとき、出会えたことに大きな意味があるからこその「ビビッ」だからです。

ただし、ビジネスでの出会いの場合、ひと目見て「ビビッ」とくるというよりは、お話を聞いている最中に「ビビッ」とくることがほとんど。

だからこそ、多くの人と出会い、話すようにしています。

「ビビッ」ときたときは、相手の話を聞きながら、相手のビジネスコンテンツと自分のビジネスコンテンツを組み合わせて何か新しいビジネス展開ができないか、シミュレーションを始めます。

あくまで可能性を探るためのものなので、できるだけ自由に、でも利益が出るようなビジネススタイルを考えます。

お互いのビジネスが異質であったとしても、発想次第で斬新なビジネスが生まれることもあるので、相手がどんなビジネスを手がけていても、この作業は欠かしません。

ときには、翌朝、ベッドのなかで考えることもあります。

セミナー等でこのお話をすると、

「自分のビジネスに満足しているから、新しいビジネス展開を考える必要はない」

とおっしゃる方が少なくありません。

「それは、これから起業したいと考えている人の話ではないか」と。

彼らの意見は至極もっとものように聞こえます。

ただ、それはあくまで「今だけ」の話です。

ビジネスは生モノです。常に状況は動きます。

どんなビジネスも、導入期・成長期・成熟期・衰退期という4段階を必ず経るようになっています。ビジネスコンテンツがいくらよくても、世の中が動く限り、遅かれ早かれ必ず衰退期に入りますし、衰退期に入ると、成長期・成熟期のように利益を生み出し続けることが難しくなり、後は停滞していくばかりです。

そうならないために、常に新しい取組み、ビジネス構築が必要となります。

「今」がどんなによくても
「次」の瞬間どうなるのかはわかりません。
だから、新しいビジネスを考え続ける必要があるのです。

相手の話を聞きながら、ほかのことを考えるのは難しいという人は、相手の話を聞き終えたら、少なくとも１分間は誰とも話すことをせず、相手の話を振り返りながらシミュレーションを行いましょう。

「ビビッ」はあなたが相手に対し、直感的に可能性を感じたり、ビジネスコンテンツに興味が湧いたりした証拠。「何かあるはずだ」というところから考えをスタートすると見つけやすくなります。

ときには対面したことのない人に「ビビッ」と感じることもあります。テレビなどメディアを通じて考え方を知った、ネットを通してコンテンツの存在を知った、そんなときは迷わずその人に会いに行きましょう。

コラボレーションアイデアを考え出すことができたら、相手にすぐ伝えるのではなく、そこに相手の利益が入っているかどうか、必ず確認してください。

ＷＩＮ－ＷＩＮの関係にならないもので、ビジネスは成り立ちません。

相手の利益を考えたうえで、アイデアをプレゼンすることによって、相手もきっとあなたに対し「ビビッ」と感じてくれることでしょう。

WORK
2

キーマンと会うときは後ろに予定をつくらない

始業前の時間に

あなたにとって重要な人、つまりキーマンや、今後人間関係をつくりたいと考えている人物と会うことになったときは、その後に予定を入れるのはやめましょう。
もちろん午前中やランチでの面会の場合は別ですが、午後3時過ぎなどの面会のときには、その後の予定をフリーにしておいたほうが、大きなチャンスを得ることがあるからです。

少し前のことです。
憧れていた著名人の主催するパーティーに、友人を介して参加する機会がありました。

パーティー自体も本当に楽しかったのですが、なんと、お開きのあとに行われる主催者の内輪だけの飲み会に友人と共にお誘いいただいたのです。

心からうれしかったのですが、残念なことに予定を入れてしまっていたため、私だけ失礼させていただくことになりました。

後ろ髪をひかれる思いでパーティー会場を後にした私でしたが、後日、友人からそのときの話を聞いて、さらに後悔の念が大きくなりました。

友人によると、飲み会は大層盛り上がり、そのメンバーで新たなビジネスをやろうということになったとのこと。もちろん、友人もその一員です。

「おめでとう」と言いながら、私の心は悔しい気持ちでいっぱいでした。

それ以来、キーマンや人間関係を構築したい人物などと面会する場合は、後の展開を考えて予定を入れないようにし、手帳には「×《バツ》」を書き込んでいます。

「予定を入れない」という予定が入っているという意味です。

そのスタンスに変えてから、数多くの恩恵を受けるようになりました。

最近はセミナー後の飲み会で集まったメンバーでコラボレーションして、様々なビジネスを展開しています。

ビジネスは、人と人との出会いから生まれ、それぞれが持つビジネススキル、マインドによってカタチになります。

ちょっとした出会いや、わずか1分間の会話も、その後の展開を大きく変える可能性を持っています。

実は本書も担当編集者とのこうした出会いから生まれました。

このように時間は、自分で意識したそのときから、様々な恩恵を与えてくれます。

キーマンと会うときには、その後には予定を入れず、次のビジネスを生み出す時間をつくる努力をしましょう。

WORK 3

怒りの感情を手放してしまう

私は毎朝、アファメーション（宣言）をしています。

とくに意識して取り組んでいるのが、「怒りの感情を手放す」ことです。

人生には理不尽に思えることが必ず起こります。

ビジネスシーンではなおさらでしょう。

心に負の感情を抱いたり、違和感を覚えたり――。その感情が怒りや不満に変化してしまうことだってあります。

負の感情などをずっと心に留めておくのは、あまりよいことではありません。

だからといって、相手に怒りの感情をぶつけるのも、大人がやることではありません。

私がこれまで出会ってきた一流の人たちは、感情をコントロールするのが素晴らしく上手でした。

どんな理不尽な目にあっても、言葉をかけられても、まったく怒らず、不機嫌な様相すら感じさせません。

いったい彼らは、どうやって感情をコントロールしているのか。疑問に思い尋ねたところ、教えてくれたのが、このアファメーションでした。

怒りの感情をムリに解釈を変えようとしたりせず、ただそのまま手放すのです。

自分に起こることはすべて神様のご意志によるものであり、自分が引き寄せたこと。

だからこそ、どんな結果でも安らかに受け入れ、自分と違う意見であっても否定せず、今できうる最高の行動をとり、天命を待ちましょう。

そうすることで、負の感情、怒りの感情が消えていきます。

怒りの感情を手放すことができず、おなかの中に抱えていると、他人のことで心が乱されたり、ちょっとしたことでイライラしたりと平穏な状態が保てず、本来の自分を見失ってしまううえに、生産性が下がり、パフォーマンスが落ちてしまいます。

怒りの感情を手放すのは、朝が適しています。

朝のうちに上手に怒りの感情を手放してしまえば、その日１日、平穏な心を保つことができ、自分らしく過ごすことができるでしょう。

また、他人に振り回されることなく、自分自身に集中し、高いパフォーマンスをすることができるので、物事がうまく運ぶようになります。

モチベーションがなかなか上がらないとき、なんだかうまくいかないときは、知らず知らずのうちに、怒りの感情、負の感情を溜め込んでしまっている可能性があります。

定期的にこのワークをして、心の澱《おり》をとばしてしまいましょう。

WORK
4

提案は必ず3つ行う

通勤中に

人は複数案提示されると、つい、その中から選ぼうとする習性があります。

つまり、何かを提案するときは、相手が気分よく選べる選択肢を複数用意すれば、どれかが選ばれる可能性がかなり高いということです。

結果を出す人は、自分が期待する方向で進められるよう、意図や希望を反映した選択肢を3つ用意して交渉の場に臨みます。

1案だけだと、相手の選択肢が「よい」か「悪い」、つまり「YES」か「NO」かになってしまうため、採用される可能性が2分の1になってしまいます。反対に選択肢が多すぎると、相手が迷ってしまい、決めきれない可能性があります。

大事なのは、こちらにとってもいい交渉になることです。つまり、

自分の提案が採用されない状況をつくらないこと。

したがって3案がちょうどいい、というわけです。

ただし、双方にメリットがあり、しかも、どちらにも利益が上がるアイデアでなければなりません。そのことは、忘れないでください。

アイデアをつくる際は、次の手順で行いましょう。

①自分の譲れない部分を1つ考える

②相手が譲れないであろう部分を1つ考える

③①②を踏まえたうえで相手にとってメリットのあるアイデアをつくる

それぞれのアイデアを簡潔にわかりやすく説明できれば、よりスムーズに相手の検

討は進みます。

商談、プレゼンについては、電車の中でシミュレーションしておくとよいでしょう。

交渉をうまく進めるには、相手が気持ちよく感じるプランを考えることです。

相手が譲れない部分は何かを会話から読み取り、その部分をしっかり組み込んだプランを提案しましょう。

相手の自己重要感を満たしてあげることができれば相手も断る理由がありません。

さらに、相手にとってメリットがあり、利益（率）性の高いアイデアであればあるほど喜ばれます。

バリエーション別に3案提案することで、相手はあなたに期待し、交渉成立率は非常に高くなります。

相手も自分もハッピーになる交渉は、必ずといっていいほど成果を生み出すのです。

WORK 5

幸運の流れは必ずほかの人にも流す

始業前の時間に

すべての物事には必ず流れがあります。

自然界の川の流れ、人の体内の血液の流れ、組織内の情報の流れ……。

実は幸運にも、同じように流れがあります。

自分になんとなくよい流れがきているなと気づいたら、その流れを自分のところで止めてしまわず、必ず周りの人に流してあげましょう。


こんな経験はないでしょうか。

2年くらい恋愛がうまくいかず、半ばあきらめていたら恋人ができた。同じく、恋愛休憩中の友人と一緒にイベントに出かけたら、友人がそこで出会った人と付き合うことになった。

「なんだか急に運が向いてきたみたいだね、お互い」などと言い合っていた会社の後輩もなんだか幸せそう。ラッキーが連鎖しているみたいだ——。

こうしたラッキーの連鎖を「運の流れ」といいます。

結果を出し続ける人は、この「運の流れ」をとても大事にしています。

流れに乗ることで、自分が成長し、次のステップに進むことができると知っているからです。

私も「グレコ」で有名な世界のギターファクトリーフジゲンの創業者　横内祐一郎氏と出会ってからというもの、非常に運がよくなり、ビジネスも私自身も加速度的に成長しました。

その運の流れを私だけで止めずに、ほかの人にも流そうと、毎年「横内塾」なるものを開催するなどいろいろしてきましたが、その間、参加者の中から、多くのビジネス書作家や成功者を輩出することができています。

また、横内会長の教えを説いた本を出版したところ、「この本を読んで生き方、働き方が変わった」などというお手紙をたくさんいただきました。

その寄せられた手紙から、私もまた、勇気と気づきをいただいています。


自分に流れ込んだ運の流れをほかの人に流してあげると、新たな幸運の流れを呼び込むことになります。

せっかくやってきた幸運の流れをほかの人に流してしまうなんて、「もったいないじゃないか」と言う人がいますが、そんなことはありません。

幸運の流れも、川の流れや血液の流れと同じように、常に流れているからこそ淀《よど》みなくキレイでいられるのです。

欲張って自分のところで止めてしまったら、水溜まりのように動きがないところから淀み出し、その幸運の流れは止まってしまいます。

結果的に、自分に流れ込んでいた幸運の流れも止まり、成長も止まってしまうことでしょう。

流れを止めるということは、世の中のＨＡＰＰＹの流れを止めることになるからです。

幸運は、決してひとりで手に入れることはできません。
多くの人と共有することで、価値を生み出します。

その気持ちを持てるようになったとき、あなたははじめて幸運が味方となり、運を引き寄せることもできるのです。

WORK 6

すべての成功は他人によるものだと悟る

始業前の時間に

あなたにとって成功とは何ですか？

結果を出し続けている人は、何かしらの成果が出たとき、「みなさんのおかげで」と考え、実際、言葉にしています。

仕事はひとりではできないことを、知っているからです。

営業・交渉・成約は自分がしたかもしれない。でも、その後ろには商品をつくる人がいて、書類を精査する人がいて、発送する人がいて、その流れがあるからはじめて仕事が成り立ちます。

そしてまた、どんな素晴らしいコンテンツやサービスを提供しても、それを使ってくれる人がいなければ、どんな仕事も独りよがりでしかありません。

さらに、支えてくれる家族や商品を購入してくれるお客様、働いてくれる社員、叱ってくれる上司……。

様々な人たちに囲まれて、自分という人間も存在し、成功のステージがあります。

成功は自分ひとりでは成り立ちません。
多くの人に支えられ、はじめて成功できるのです。

周りの人に感謝できない人の元からは、人が去っていきます。

お金回りがよいときは、お金で繋ぎとめることができるかもしれませんが、お互い思い合うことができてこそ、人の関係は築かれます。

周りの人々への感謝を忘れずに、自分の理想を求めて日々前進していきましょう。

WORK 7

他人の成功を喜ぶ

始業前の時間に

これまで多くの成功者と呼ばれる方々、それも成功し続けている人にお会いしてきましたが、彼らには共通するマインドがあります。

それは、人の成功を喜ぶマインドです。

私の周りの成功している人は皆、他人の成功や成果を心から喜び、祝福しています。

友人の経営コンサルタントは、全国で会員が５００人超の会員制ビジネスを主催しています。さらにビジネス書作家として数冊本を出しているうえに、出版プロデューサーもしている、いわゆる成功者です。

彼もまた人の成功を喜ぶマインドの持ち主なのですが、そのあり方が本当に素晴らしく、いつも感動させられています。

以前、彼が企画していた仕事のテーマと、彼の知人が企画していた仕事のテーマがかぶってしまったことがありました。そのアイデア自体を考案したのは彼が先だったのですが、結果的には、知人のほうがそのテーマで仕事を始めることになりました。

彼が前から準備していたのを知っていたので、さぞかし残念だっただろうと思っていたのですが、実際会って話を聞いたところ、まったく逆でした。

「この企画は、私の中に昔からあって実現する予定でしたが、結果的に知人が同じ企画でスタートしたようです。多少残念ですが、これは神様が決めたことですから、素直に知人の成功を喜び、応援しましょう」

彼のその言葉を聞いて、素晴らしい考え方だと非常に感服しました。

誰でも、他人より自分がまず成功したいという気持ちが少なからずあるからです。

ですが、よく考えてみてください。

自分の周りの人間や友人が成功するということは、必ずしも他人ごとではありません。

成功した人たちが、次にあなたを成功のステージに引き上げてくれることだってありえます。実際、私の周りでも、次のようなことがありました。

- 雑誌で取り上げられたことによって一躍有名になった起業家の友人が、その雑誌の記者を紹介してくれた。その結果、インタビュー記事を掲載してもらうことになった。
- 大事な商談を控えていると話したら、商談がいつもうまくいくパワースポットラウンジを紹介してくれたうえに、会員しか使えないからと予約・手配してくれた。
- 事業がうまくいった友人が成功者と呼ばれる人だけが集うパーティーに呼ばれた際、一緒に連れて行ってくれたため、経験はまだ浅かったにもかかわらず、成功者の人たちと会話でき、刺激を受けただけでなく、付き合えるようになった。

皆さんもそんな経験があるのではないでしょうか。

もし周りの人間がチャンスをつかんだときは、ぜひ応援してください。

応援された人は、必ずその応援をあなたに返してくれます。

誰だって応援されると、うれしいからです。

自分をいつも応援し自分の成功を喜んでくれる人には、恩返ししたくなります。

他人の成功を喜んであげることで、
必然的に、相手からも応援をもらえるというわけです。

言い換えると、他人を喜ばせることができる人が成功するということです。

他人を喜ばせる行為は、プラスの波動を起こします。

相手を喜ばせ、応援するマインドを持っている人は、プラスの波動に常に包まれています。

そのプラスの波動がプラスの流れを呼び、さらに強いプラスの効果を生み出します。

これが成功のスパイラルになります。

応援していた相手から応援や喜びをもらったときは、素直に受け取りましょう。

そのときこそ、あなたが成功のレールに乗るときなのです。

第6章

将来の夢を実現する
朝のワーク

WORK 1

気持ちのいい挨拶をして運を引き込む

始業前の時間に

会社に到着したら、目の中に入ってくる人すべてにどんどん挨拶しましょう。挨拶は社会人の基本ですし、気持ちのいい挨拶は、相手の心を軽くする効果もあります。

朝の挨拶は、人間関係を築き、相手に元気を与える素晴らしいツール。使わない手はありません。

また、普段あまり話さない人とも、堂々と接点を持てる大切な場。

朝の挨拶を利用して人間関係をつくっておけば、その後、プロジェクトや社内活動で一緒に働くことになった際などに助けてくれたり、応援してもらえたりするようになるでしょう。

場合によっては、挨拶に励む前向きな姿勢を上司に見込まれ、重要なプロジェクトのメンバーに抜擢されることもあるかもしれません。

以前、ある経営者に次のような話を聞いたことがあります。

静かで優秀な新入社員と元気いっぱいで普通の新入社員がいたら、新規プロジェクトのメンバーには、迷うことなく元気な社員を入れるとのこと。

元気な挨拶をする人に、イヤな気持ちを抱く人はいません。

ましてや、それが新入社員であれば、先輩社員からすると、「頑張っているな、応援してあげよう」という気持ちになるでしょう。

つまり、朝の挨拶でチームのまとまりをつくるというわけです。

挨拶には、ほかにも素晴らしい効能があります。

挨拶は、もちろん相手に伝えるものですが、挨拶を誰よりも近くで聞いているのは、ほかならぬあなた自身。

相手に元気を与える言葉は、
当然、あなた自身にも元気を与えてくれます。

つまり、自分の脳にとってよい状態を挨拶によってつくり出しているのです。

脳を気持ちのいい状態にしていると、プラスの波動が起こります。

このプラスの波動で脳を満たしてあげると、次のプラスを引き寄せることになり、結果的によい運を引き寄せます。

朝の挨拶で、人も運も味方にしてしまいましょう。

WORK 2

自分は絶対大丈夫だと言い聞かせる

ベッドを出た後に

長い人生には、何度もピンチが訪れます。

ピンチのとき、いかに力を発揮して切り抜けることができるか。

それが、本当の意味でのビジネス力の高い人といえます。

結果を出し続けている人は、ピンチに陥ったときでも落ち込むことなく、すべきことを粛々とこなします。

でもこれは、彼らがデキる人だから動揺していないわけではなく、感情を自分で整えて、冷静になってから対応するため、ピンチが広がらないのです。

ピンチに陥ると、つい少しでも早く対応しなくてはならないと思い込み、あわてて対応してしまう人が少なくありませんが、そうすると、冷静さを欠いてしまい、ときに今起きている以上のピンチを招いてしまうこともあります。

そうならないために、心と頭を落ち着かせる必要があります。

オススメなのが、自分で自分をほめて、勇気づけること。

自分が奮い立つ言葉を発し、自分で自分を元気にさせてしまうのです。

私はいつも、ピンチで気持ちが押しつぶされそうなときには、こんな言葉を発し、自分を勇気づけています。

「お前は、選ばれた人間だから、絶対に大丈夫。

人生に失敗はない。

あるのは、成功か試行錯誤だけだ。

チャレンジをやめたときにだけ失敗は存在する。

勇気を持って行動を起こそう。

行動を起こさないで、時間だけが過ぎてしまうほうが、よほど失敗である。

明日死んでも後悔しない今日を生きよう」

とはいっても、ピンチが訪れたら、誰しも不安になり弱気になります。これからいったい何が起きるのだろうか、という漠然とした不安が胸に宿るからです。

言い換えると、その不安さえ取り除いてしまえば、後は楽ちんになります。

心に巣くってしまった不安を取り除くには、次の方法がオススメです。

① 事態が悪いほうに進んだ場合、起こるであろう出来事をピックアップする

② それぞれの出来事に対し、対処法をしっかり考え、リスクマネジメントする

③ 今できる最善の方法を3つ探し出し、優先順位を決めて順番に実行する

この3つのワークをすることで、この後、何が起きても、すべて想定済みという状

況になります。

さらに、その対処法も、自然と考えることができているので、心の不安が消え去り、勇気を持って行動ができるようになるというわけです。

私は何か問題を抱えているとき、朝起きたら瞑想し、「自分はどんな問題でも必ず切り抜ける」と誓います。

そして、自分が問題を解決して、逆に最高の状態を手に入れている姿を想像します。すると、心が落ち着き、脳も問題解決に向けて動き出し、その結果、事態もよいほうに向かいます。

ピンチが訪れたときに大切なことは、まず自分が元気になる時間をつくること。そして、その不安を取り去り、現状改善の行動をとることです。

あなたは大丈夫。

そのことを忘れないでください。

不安の取り除き方

1 事態が悪いほうに進んだ場合、
起こるであろう出来事をピックアップする

2 それぞれの出来事に対し、対処法をしっかり考え、
リスクマネジメントする

こういうときは
あーする
べきかな？
それとも、
こーすれば
いいかな？

3 今できる最善の方法を3つ探し出し、
優先順位を決めて順番に実行する

1. 社員に連絡し、通常業務

より本件の対応を優先
するよう伝える
2. 取引先に各担当者より
ご連絡させる
3. ホームページにて
ご報告する

WORK 3

時間を味方につける

ベッドを出た後に

仕事柄、多くの成功者と知り合ってきましたが、驚くことに、皆同じスキルを持っていました。

時間を味方につけ、
自分の思うとおりにコントロールしているのです。

仕事に追われ、忙しいと嘆《なげ》いている人の多くは、時間に振り回されています。

「あと何時間しかない」「もう出かける時間だ」など、時計を見てはバタバタ。

まさに、時間との闘い。時間が敵になってしまっているのです。

時間に振り回されるのではなく、自分がやりたいことをやるために、時間を味方につけ、使いこなすことが大切です。

それには、やるべきことを後回しにせず、常にすぐやる習慣をつけること。

すぐにやる習慣をつけておくと、突発的な仕事が来たときにも対応できますし、チャンスの神様が来たときに、すぐに捕まえることができます。

成功者は、やりたいこと、やるべきことをするために時間を味方につけ、突発的なトラブルにも即対応し、常に心と時間に余裕をもって仕事に取り組むことで、チャンスをつかみとっているのです。

私は時間を味方につけるために、毎朝やっていることがあります。

起きたらまず、手帳を眺め、その日一日の進行をイメージします。車のナビゲーションと同じ要領です。そうすることで、１日の流れが読めるので、時間を自分主導で動かすことができるようになります。

時間と上手に付き合い、チャンスを逃さず、結果を出し続けましょう。

WORK
4

違和感があるときは待ってみる

始業前の時間に

「ビジネスは直感が大切だ」

名だたる経営者のほとんどが一度は口にする言葉です。

「直感と言われても……」と思う人も多いでしょう。

ですが、これまでのことを振り返ってみると、案外、直感に助けられていることがあるはずです。

以前、土地を購入しようとしたことがありました。探し始めて間もなく、求めている条件をほぼ満たしている、とても魅力的な物件と出合いました。

周りの人もすごく薦めてくれたのですが、「なんか違う」と直感が働き、どうしても購入の踏ん切りがつかず、結局、購入は見送ることにしました。皆、驚いていましたが、なんともいえない違和感を無視できなかったのです。

それから数日後。その土地はダーティな人物が絡んでいる、いわくつきの物件だったことがわかりました。もし、直感を無視して買ってしまっていたら、大変なことになるところでした。

本能に従い、直感で判断したほうがよい結果をもたらすことは、いくつもの実験で証明されています。

直感というと、ついただの感覚と思ってしまいがちですが、実際は、脳にある膨大な量の情報（経験、学び等から培われたものも含む）を踏まえたうえで出された脳の結論と考えることもできます。

考えうるリスクも含めてすべて検証したうえで、結論が出たときに直感が働くというわけです。

だからこそ、自分にとってよい判断となることが多いのです。

周りの人の助言ももちろん大切です。ですが、

直感が働くときは、「何かがある」ということ。
「待つ」ことも大事な選択です。

とくに「違和感」があるときはなおさら、「待つ」という決断をしましょう。
流れに乗ってチャンスを得ることもありますが、それ以上に、未来の好転を願って心の声を聞くことで、チャンスを引き寄せることもあるからです。

ただし、情報がなければ正しい直感は働きません。
判断を下すのに必要な材料を可能な限り入手し、しっかり吟味した後の最後の決断は、直感に委ねましょう。

WORK 5

落ち込むのは1分だけ

人生は、予期せぬ出来事が起こるものです。

ときには、落ち込むこともあるでしょう。

ですが、落ち込んでいても事態は改善しません。

ある程度落ち込んで、ネガティブな感情を吐き出したら、後はポジティブな自分に戻していきましょう。多少、ムリがあっても大丈夫です。

そうはいっても、そんな簡単に気持ちを切り替えるなんてできない——。

たしかに、そうかもしれません。

しかし、人生におけるピンチは後から考えると、必ずと言っていいほどチャンスの扉であることが多いです。

以前、会社の幹部が辞めてしまい、代わりにその業務を担当した結果、現場の状況を肌で感じることができ、そこで得た問題意識のおかげでマーケティングを学び会社全体の売り上げアップに成功したという経営者の話を聞いたこともあります。

あなたの身に起きたことは、必ずしも悪いことだけではないのです。


ショックを受けることがあったときは、あなたを落ち込ませている最大の要因である「予期せぬ出来事」のよい部分を探し出してみましょう。

「人生最大のショックを受けたあの出来事よりも受けた傷が少なくてよかった」

「相手の会社にも、うちの会社にも損害が出なくてよかった」

「一昨日の結婚式の日じゃなくてよかった」

など、どんな些細なことでもＯＫです。

制限時間は１分間。

これはダメだなどと勝手に決めつけず、思いつく限りどんどん挙げてください。

実際にやってみるとわかりますが、これは結構難しいワークです。対象である出来事にじっくり向き合わなければ、さらにあなたの目や感情を覆っている「負のイメージ」を取り除いて、その出来事の本質を見極めなければ、なかなか1つ目が出てこないでしょう。

あまりに見つからないと焦りが出てきて、頭の中が猛スピードでフル回転を始めます。こうなったらしめたものです。

集中できている証拠だからです。あれこれ余計なことを考えなくなり、ポジティブな部分もすぐに見つかるようになります。

1つの出来事であっても、視点を変えると様々な見方ができます。マイナス面しかないように見えても、探せば出てくるものです。

不思議なもので、いい面があると思うと、人は心が楽になります。ストレスや不安を和らげるのにも効くこの方法はオススメです。

WORK 6

目標をアファメーションする

始業前の時間に

最近では、個人目標を定める会社も増えてきています。

達成すべき売上げの数字目標であったり、成功させるべきプロジェクトの達成目標であったり、もちろん会社全体の目標もあるでしょう。

こうした目標を達成する近道があります。それは、

目標を毎朝、読み上げることです。

声に出して読み上げることで、脳にしっかりインプットでき、その日の仕事、そし

て目標に向かう態勢が整います。

周りの目が気になるようであれば、小さな声でかまいません。

ただし、脳へインプットすることが目的なので、必ず、1つひとつゆっくり読み上げてください。

人の脳は、非常に優れた機能を持っています。

とくにその情報処理能力は、どんなコンピュータより優れているといわれています。

右脳による情報処理能力は、毎秒1000万ビット以上で、その閃きを左脳が論理的にビジュアル化して、言葉やイメージのカタチにするそうです。

残念ながら、人間は脳のほんの数％しか使うことができていません。もっと効率的に使うには、達成事項をインプットすることで脳に命令を出し、目標を意識させることが必要。

そのために有効なのが目標の読み上げ、つまりアファメーション（宣言）なのです。

目標が決まっていない場合は、朝決めた3つの目標を再度、宣言しておきましょう。

ムリ、ムダ、ムラなく仕事を進めるのにも有効です。

WORK
7

ムリなことはあきらめる勇気を持つ

始業前の時間に

人には、向き不向きが必ずあります。

残念ながら、どんなにやりたくても不向きなものは、なかなかうまくいかなかったり、時間ばかりかかったりして、結果が出なかったりすることがほとんどです。

さらに、不向きなことに執着していると、モチベーションなど様々なところに作用してしまい、本来自分の得意なことにまで影響を及ぼしてしまいます。

はっきり言いましょう。

どんなに頑張ってもムリなことはあります。

受け入れて、悪あがきせず、あきらめる勇気を持ちましょう。

中国の古典「朱子学」に、「主一無適」という言葉があります。

「ことに当たっては、その一事に精神を集中統一し、ほかに散らさないこと」という意味です。

この考えは、物事をうまく運ぶうえで非常に大切です。

実際、やりたいことが複数あったら、すべてを同時に実行することはできません。同時にしようとすると力が分散してしまい、結局どれも中途半端になってしまうので、誰にとってもアンハッピーな結果となります。

反対に、できること1つだけにしぼって取り組み、それが素晴らしい成果を生んだとき、あなたはその仕事を成し遂げたということです。

あきらめる行為は、逃げ出すことではなく、マーケティングでいう「選択と集中」です。

つまり、ビジネスにおいては非常に大切なスキル。

今、自分が何をすべきなのか、何がいちばん大切なのか、選択する勇気を持つことです。

WORK 8

第一人者の真似をする

始業前の時間に

夢や目標を実現するうえで、とても効果的な方法があります。それは、

自分が出したい結果をすでに出している
同じ分野の第一人者の方法を真似ることです。

大切なのは、真似をする相手は、必ずその道の第一人者であるということ。
つまり、身近な先輩とかではなく、一流の人の真似をするのです。
一流の人は、一流の結果が出る思考や行動を持っています。

頭の中をすべて見せてもらうことは難しいですが、行動は隠せません。そこで、その行動を徹底的にモデリングするのです。

一流の人のノウハウは一流の結果を出すレシピ、つまり虎の巻です。繰り返し真似ることで、同じような結果が最短で出せるようになるうえに、自分で一から仕組みをつくるより、圧倒的に早く結果まで到達します。

試行錯誤しながらモデリングを繰り返し行っていると、ある時から急に結果が出るようになります。

それはまさしく、一流の人の思考と行動を見つけることができたという証です。

その人の本を読んだり、ホームページを観察したりして手法を盗み、自分にインストールします。そして、どの部分を真似るかを決め、ノートにまとめます。すべてを真似ようとせず、簡単な部分や自分が欲しい結果を出している部分に特化することが大切です。

真似る部分をステップごとに分けると、よりわかりやすくなるでしょう。

結果が出ていない人は、自分の業界を見渡して、自分が欲しい一流の結果を出している人を探すことから始めましょう。

この人と決めたら、毎朝、今日はどの行動を真似するかを決め、行動計画（時間割）に入れ込んでください。

「『学ぶ』という言葉の語源は、『真似ぶ』、つまり真似をすることである」という説もあります（諸説あり）。

真似をすることで、うまくいっている人が見ている景色を見ることができ、感覚を味合うことができ、だからこそ、様々な気づきを得ることができます。

真似を始めたそのときから、思考も行動も変わります。

どんどん真似しましょう。

WORK 9

お気に入りの古典を数ページ読む

ベッドを出た後に

「古典」と聞くと、読みにくくて、とっつきにくいと感じる人も多いかもしれません。

ですが、古典は時空を超えて生き残った、ベストセラー中のベストセラー。

この中には、人生の真理、生き方の基本、そして成功に不可欠なヒントなど、たくさんの要素が詰まっています。

それは、「これをやればいい」などといった動作・行動の付け焼刃スキルとは違います。

古典で学ぶことができるのは、人としての「あり方」、つまり人間力です。

古典は、何か問題が起こったときに、

判断の基準になる自分の軸を育ててくれます。

成功者と呼ばれる人で、人として魅力がない人はいません。

皆、素晴らしい人間力を持っています。

人間力があるからこそ、成功者となったともいえるでしょう。


とある大企業の社長は、いつもポケットに司馬遼太郎の文庫本を入れて、スキマ時間に読んでいます。

司馬遼太郎の小説に描かれている、戦国時代や明治維新の時代と今では、環境も常識もまったく異なります。

しかし、時代を駆け抜けた名将や時代を変えた人たちが何を考えていたのか、そして、どういう変遷をたどり、どういう結果を得、どう生き抜いたのか。そのことを踏まえて、人間としてどうあるべきかを学ぶことができるため、読み続けているのだそうです。

彼からその話を聞いて以降、私も古典を読むようになりました。すると、セミナー等で寄せられる、やり方ではなくあり方についての質問に、ほぼ答えられるようになりました。

様々な質疑応答に満足がいくように答えるには、スキルだけでは対応しきれません。想定外の質問も少なくないからです。

それを古典で様々なことを学ぶにつれ答えられるようになったのです。

古典は長編のものが多く、読むのに時間も気力も使います。

ですが、忙しいからという理由で読まないのでは、成功者としての素地を伸ばすことができません。

最近では、忠実な現代語訳が出ているので、簡単に本質を理解できます。

毎朝、数ページでいいので、心の朝食のつもりでお気に入りの古典を読んでみてください。

ハウツー本のように即効性はないかもしれませんが、このワークを続けていくと、数年後には、人間力が確実に備わっていると共に問題解決力が飛躍的にアップします。

WORK 10

常識を疑い、非常識に生きる

ベッドを出た後に

社会人として生きていくには、常識が必要です。

一般的に常識とは、「世の中の80％の人が支持すること」だそうです。

ところが、世の中で成功者と呼ばれている人々は、全体の20％にしかすぎず、その多くが、非常に斬新で非常識な発想の持ち主です。

たとえば、カップヌードル。

ご存知のとおり、日清食品の創業者　安藤百《もも》福《ふく》氏によって発明されたこの商品は、現在でこそ世界中で食されていますが、この「お湯をカップに注ぐだけでラーメンができる、それもたった3分で！」という発想は、当時、非常識極まりないものでした。

「ご飯とは、切ったり、焼いたり、煮たりしてつくるもの」だったからです。

実際、最初はまったく売れませんでしたし、製造過程でも複数の難題がありました。

ほとんどの社員はこのアイデアに反対だったようです。

しかし、今では「世紀の大発明品」とまでいわれるほどの存在になっています。

非常識な発想は、ときとして、成功の種になるのです。

成功する人は、その多くが独自の発想、考えを持っています。

ときにそれは、非常識と呼ばれるかもしれませんが、その非常識、独自性こそが、新たな何かをつくり出し、気づかせてくれるといってもいいでしょう。

ただし、独自性はそんな簡単に身につくものではありません。ちょっとしたワークが必要です。

まずは、常識を疑うことから始めましょう。

いわゆる、「普通」とは離れたところから、ものを見るようにするのです。
そうすることで、まだ他人がやっていないことに気づいたり、ダメだといわれているところに新たな可能性を見つけられたり、カタチにできたりと、アイデアの幅を広げることができます。

物事は様々な可能性を秘めています。
常識を疑い、目の前で起きていることを、いつもとちょっと違うところからとらえて、常にビジネスチャンスを探っていきましょう。

今、あなたの目の前にあるものが、非常識な視点から考えたら、とても斬新で、今までにない新しいビジネスを生み出す可能性を多く秘めていることだってあるのです。

おわりに

最後まで読んでくださり、ありがとうございました。

人生は夢実現を達成する旅のようなものです。

与えられた命を使い、「あんなふうになりたい」「こうなったらおもしろい」などと、ロマンを追い続ける旅です。

このように夢を追いかけることができるのは、動物の中では人間だけです。

ところが、多くの人は途中で夢の実現をあきらめてしまいます。

夢を叶える方法を知らないからです。

でも、皆さんはもう違います。

本書で、朝という時間を使って、結果を出し続けるスキルとマインドを手に入れることができています。

あとは、勇気を持って行動に移すだけです。

結果とは、行動の産物です。

どんなに小さな行動でも、行動すれば、結果につながります。

私たちの人生は、1日の積み重ねで成り立っています。

その日その日をいかに生き、活用するか、それによって人生は大きく変わります。

そして、その日をいい1日にするには、朝を活用することがいちばん。

つまり、朝を制する者が人生を制する、というわけです。

実際、多くの成功者が願望を達成するために、朝の時間を有意義に使い、結果につなげてきています。


しかし、成功者がみんな、はじめから朝を有意義に過ごせていたわけではありません。

「朝は目覚ましを何度も消し、ギリギリまで寝て、急いで家を出る」

そんな朝の過ごし方をしている人もいるでしょう。

ですが、いつものパターンを繰り返すと、いつものパターンのことしかできず、いつもと同じ結果しか生まれません。

反対に行動を変え、考え方を意識して選択すると、思ってもみない結果が出ることもあります。

いかに朝を過ごすかで、その日1日が変わります

最高の朝を過ごすことができれば
最高の1日を過ごすことができます。

朝の過ごしかたを変えることで、私の人生は変わりました。

一年の計は元旦にあり。

一日の計は朝にあり、なのです。

もう一度言います。

朝を制する者が人生を制します。

この「おわりに」が、あなたの最高の人生を手に入れる旅の「はじまり」になることを、心から願っています。

後藤　勇人

著者紹介

後藤勇人（ごとう・はやと）

“世界一の男”のプロデューサー
ブランディングプロデューサー
一般社団法人「日本女性ビジネスブランディング協会」代表理事
有限会社ＢＫプロジェクト代表取締役社長・ＢＫグループＣＥＯ
専門学校卒業後、24歳で独立しヘアーサロンを開業。順風満帆のスタートを切ったかに見えたが、社員の謀反や横領など数々の試練に遭遇。一度は、精神的に挫折したものの、持ち前の負けん気でビジネスを再構築し、32歳までにグループ4店舗、年収2000万円、1億円の自社ビル建設など、見事復活し成功を収める。
生活を朝型にシフトしてから人生が大きくステージアップしたことから、朝型ライフを推奨し、夢を叶える朝1分ワークの専門家として活動を始める。また、グレコのギターで有名な世界のギターファクトリーフジゲンの創業者である横内祐一郎氏の総合プロデュースを手掛けるなど、コンサルティング、プロデュース業でも活躍。ミスワールド日本代表のブランディングプロデュースを手掛けたことをきっかけに、女性の依頼が殺到し、現在は、女性ビジネスブランディングの専門家、ビジネスで輝く女子を創る「ビジ女プロデューサー」として、全国からクライアントが押し寄せている。
著書に、『夢実現とお金の不思議な29の関係』（同友館）、『なぜ「女性起業」は男の10倍成功するのか』（ぱる出版）、『ダメ社員がプチ経営者に変わる！ 最強の社員マネジメント』（総合法令出版）など多数。

●メルマガ　「後藤勇人のメルマガ」で検索または　https://goo.gl/R62ohl
●ご感想、企業研修、講演、各種お問い合わせ　info@jwbba.com

結果《けっか》を出《だ》し続《つづ》ける人《ひと》が朝《あさ》やること　〈検印省略〉

2016年　11 月　29 日　第　1　刷発行
2022年　7 月　22 日　第　5　刷発行

著　者――後藤 勇人（ごとう・はやと）
発行者――田賀井 弘毅

発行所――株式会社あさ出版
〒171-0022 東京都豊島区南池袋 2-9-9 第一池袋ホワイトビル 6F
電　話　03 (3983) 3225 (販売)
　　　　03 (3983) 3227 (編集)
F A X　03 (3983) 3226
U R L　http://www.asa21.com/
E-mail　info@asa21.com

印刷・製本　神谷印刷 (株)

note　http://note.com/asapublishing/
facebook　http://www.facebook.com/asapublishing
twitter　http://twitter.com/asapublishing

ISBN978-4-86063-954-9 C2034

あさ出版のロングセラー

結果を出し続ける人が夜やること

後藤勇人 著

四六判　定価1,430円　⑩

夜のうちに、心、頭、身体、環境を整えておくことで、翌朝のスタートから大きくリードでき、思った以上の結果を導き出せる。
夜を利用して、人生のパフォーマンスをあげる方法45。